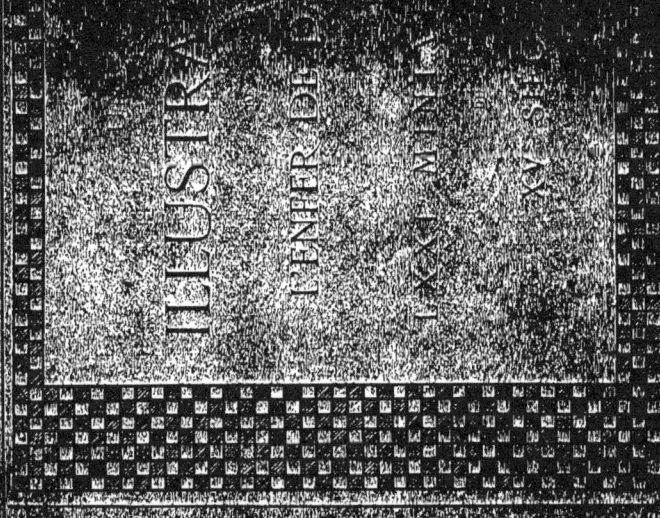

UNE ILLUSTRATION

DE

L'ENFER DE DANTE

UNE ILLUSTRATION

DE

L'ENFER DE DANTE

LXXI MINIATURES DU XVᵉ SIÈCLE

REPRODUCTION EN PHOTOTYPIE ET DESCRIPTION

PAR

C. MOREL

CHANCELIER DE L'UNIVERSITÉ DE FRIBOURG EN SUISSE

PARIS

LIBRAIRIE UNIVERSITAIRE H. WELTER, ÉDITEUR

59, RUE BONAPARTE, 59

M.DCCC.XCVI

À ma Mère

Hommage

de l'amour le plus respectueux, le plus tendre
et le plus dévoué

Camille Morel.

PRÉFACE

> ..... Pictoribus atque poetis
> Quidlibet audendi semper fuit aequa potestas.
> HORAT. *Ars. poet.*

La Divine Comédie n'a pas seulement fourni matière aux études et aux admirations d'une armée de commentateurs, de traducteurs, d'érudits de toutes sortes et de tous pays, chef-d'œuvre de poésie elle a inspiré des chefs-d'œuvre d'art. Peintres, dessinateurs, sculpteurs ont trouvé ample moisson de *modèles* dans les saisissantes créations de l'imagination de Dante et jusque dans son langage si merveilleusement moulé aux idées et aux choses exprimées. En dehors des œuvres d'art détachées, issues de telle ou telle scène du *poema sacro*, nous savons que Michel-Ange avait dessiné tous les sujets de la Divine Comédie sur les marges de son exemplaire. Par malheur, ces précieux dessins périrent dans un naufrage entre Civita Vecchia

VIII

et Livourne et l'on ne peut aujourd'hui que souscrire à la réflexion d'Artaud de Montor : « Quelle perte que celle de ces compositions où le Dante de la sculpture luttait contre le Michel-Ange de la poésie ! »

Dans notre siècle, les plus célèbres dessinateurs ont cherché à faire des illustrations complètes dignes du poème de l'Alighieri : Flaxman, Pinelli, Yan d'Argent, Ademollo, Nenci, Lasinio, Naselli, Fabris, Etex, Doré, d'autres encore y ont tour à tour appliqué leur talent avec plus ou moins de succès. Malgré tous ces efforts, l'auteur de la préface d'une édition de la Divine Comédie parue en 1864, à Milan [1], et ornée de reproductions des cent vignettes sur bois de l'édition de Mathio da Parma et Bernardino Benali (Venise 1491), pouvait se plaindre avec raison qu'aucune de ces illustrations récentes ne répondait pleinement à l'idée de Dante. Il leur préférait les naïves représentations des graveurs vénitiens de la fin du quinzième siècle. « Le linee di Flaxman son senza paragone più fine e corrette; i tocchi di Doré più vivi e caldi senza alcuna comparazione. Ma nei vecchi tratteggiamenti v'è come l'ingenuità della fede, e quasi una specie di confusione verginale a vedere e rivelare i misteri dell'altra vita. Flaxman

---

[1] Biblioteca rara, Vol. 41, 42, 43. — G. Daelli et C. editori.

s'agiusta allo spirito critico, retto, ma arido del secolo passato, in cui egli fece il meglio della sua età; Doré alla critica ricca di sentimento e d'imaginazione del secol nostro; l'antico illustratore alla vecchia chiosa che va cauta e un' po goffa rasente il testo, ma esce di quando in quando in certi tratti d'istinto che illuminano più che gli sfolgorii del raziocinio. V'è tuttavia l'attrativo d'un'eleganza che comincia a svolgersi, e che ammalia come le promesse della bellezza adolescente. Dante, amico di Giotto, e disegnatore, avrebbe sorriso qualche volta dell'illustratore antico, non si sarebbe commosso gran fatto alla fredda correzione dell'inglese, e avrebbe trovato troppo caldo il francese ed eccessivo ».

L'auteur de ces lignes ne parle pas des illustrations d'Ademollo, Nenci et leurs associés qui ont cependant eu plusieurs fois les honneurs de la réédition en Italie et en Allemagne. Il n'eut sans doute pas souscrit pleinement à l'appréciation que cite M. B. Schuler en tête de la belle édition qu'il a donnée de ces gravures — Munich 1892 : « Was dieses Prachtwerk so lieb und werthvoll macht ist richt das Lesen des Textes und nicht die Wahl der Illustrationen, sondern dies, dass die Künstler es verstanden, mit ihrem Griffel die verborgenen Gedanken des grossen Dichters so treu und wahr im Bilde darzustellen. » La planche X, par exemple, ne manque pas de valeur artistique, il dut aussi être piquant, à l'époque où elle fut publiée, d'y reconnaître M. de Chateaubriant et Mme Récamier, mais il serait difficile d'y voir une fidélité parfaite à la pensée de Dante, si secrète qu'on la suppose, dans l'épisode de Françoise de Rimini et de Paul de Malatesta. Les dantophiles qui ont pénétré le sens et l'esprit de la Divine Comédie, ceux qui en la lisant se sentent comme transportés aux temps où elle fut écrite, temps de foi naïve et d'art primitif, ceux-là, sans méconnaître le mérite des récentes illustrations de leur poème, en désirent une qui soit tout ensemble artistique et plus littérale. Au lieu de trouver en face du texte de Dante des planches où se révèlent surtout les idées et les écoles de notre siècle en matière d'art, ils voudraient y rencontrer un reflet des images que suscitaient, dans les âmes de ses contemporains, les vers de celui que les femmes d'Italie montraient à leurs enfants en disant : Voilà l'homme qui revient de l'Enfer ! Ce désir nous a valu la réédition des médiocres gravures vénitiennes mentionnées plus haut [1] et

[1] Ces gravures ont servi de modèles aux miniaturistes français qui entreprirent vers 1520 l'illustration des deux mss. *4530 et 4119* de la Bibl. nat. de Paris, *nouv. acq. franç.* Ces manuscrits ne furent jamais achevés, ils contiennent des fragments de la traduction du *Paradis* par François Bergaigne et treize miniatures seulement, dont sept dans le *ms. 4530* et six dans le *ms. 4119*. Ces miniatures très finement exécutées et bien supérieures à leurs modèles seront reproduites en phototypie dans l'album formant supplément à mon édition presque terminée des *Plus anciennes traductions françaises de la Divine Comédie*. Paris, Welter, 1896.

c'est encore lui qui a inspiré à MM. Biagi [1] et Lippmann [2] l'idée de publier en de superbes albums les fac-simile des illustrations du flamand Giovanni Stradano et ceux des admirables gravures sur cuivre de S. Botticelli.

La présente publication des miniatures du *ms. 2017, fonds italien*, de la Bibliothèque nationale de Paris, répond à la même conception de la tâche d'un illustrateur, mais elle nous fait remonter plus près de l'époque de Dante et atteindre, semble-t-il, le point extrême de la fidélité à l'idée du poète. Non content de résumer en un tableau chacun des chants de la première « Cantica » du poème de Dante [3], notre miniaturiste s'était évidemment proposé de la *traduire* en peinture scène par scène, presque vers par vers. Quatre ou cinq compositions

---

[1] *Illustrazione alla Divina Comedia dell' artista Fiammingo Giovanni Stradano 1587* riprodotte in fototipia dall'originale conservato nella R. Biblioteca Medicea Laurenziana, con una prefazione di Guido Biagi. Firenze, 1893. fol. max. — Album tiré à cent exemplaires numérotés et dédié à S. M. le Roi d'Italie.

[2] *Zeichnungen von Sandro Botticelli zu Dantes Gœtlicher Komœdie* nach den Originalen in K. Kupferstichkabinet zu Berlin, h. g. im Auftrage der Generalverwaltung der K. Museen, von Dr F. Lippmann. Berlin, 1887.

[3] Les bibliothèques d'Italie contiennent un grand nombre de mss. de la Divine Comédie illustrés de cette façon et datant des XIVe et XVe siècles; aucun de ceux que j'ai pu examiner à Milan, à Venise, à Bologne, à Florence et à Padoue (bibl. du Séminaire épiscopal) ne sont comparables même de loin au ms. de la Bibliothèque nationale de Paris

ne lui semblaient pas de trop pour certains chants ; le XXV⁰ a même fourni le sujet de sept petites peintures, dont cinq seulement nous sont parvenues.

En fixant à la date approximative de 1440 l'exécution de ce manuscrit, nous avons là une illustration de l'Enfer antérieure de plus de 40 ans à celle de Botticelli. Encore faut-il ajouter que l'antiquité en est le moindre mérite si l'on considère l'admirable talent de son auteur anonyme. Nous devons reconnaître, en effet, que le peintre comprit parfaitement le rôle et que son pinceau ne fut point trop inférieur à la tâche qui lui était proposée.

Une telle œuvre, malgré les mutilations nombreuses et les dégradations barbares qu'elle a subies au cours des siècles, nous a semblé mériter mieux que l'oubli. Elle a droit au même respect et à la même attention que les grands commentaires traditionnels ou érudits dont la Divine Comédie fut l'objet aux quatorzième et quinzième siècles. Destinée à accompagner celui de Guiniforto Bargigi, elle est elle-même un commentaire qui met sous les yeux du lecteur le sens littéral des vers dont Bargigi explique le sens allégorique. Plusieurs maîtres des études dantesques et quelques connaisseurs émérites en matière d'art ont partagé cet avis et ont bien voulu accorder de l'intérêt à la présente publication. Leurs encouragements me font espérer pour cet album un accueil favorable dans le cercle des amateurs de l'art délicat de la miniature et parmi ceux que l'allemand désigne d'un nom intraduisible en notre langue les « Danteforscher ». En tous cas sera-t-il une contribution de quelque importance à cet intéressant chapitre de l'histoire de l'art italien au XIVe et XVe siècles, que l'on écrira sans doute un jour, d'après « une étude d'ensemble sur les manuscrits de Dante à peintures ».

Ne pouvant donner la liste complète des nombreuses personnes dont je suis l'obligé pour ce travail, je tiens du moins à témoigner publiquement de ma vive reconnaissance à MM. L. Auvray de Paris, F. Novati et G. Mercati de Milan, R. Galli d'Imola et au R. P. Berthier, professeur à l'Université de Fribourg. Les pages qui vont suivre montreront de combien d'utiles renseignements ou de bienveillants services je leur suis redevable.

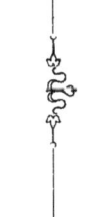

Février 1896.

UNE ILLUSTRATION

DE

L'ENFER DE DANTE

LXXI MINIATURES DU XVᵉ SIECLE

La série de miniatures, malheureusement dépareillée, dont nous entreprenons la publication et la description, se trouve contenue dans le *ms. 2017 fonds italien* de la Bibliothèque nationale de Paris et dans les feuillets de ce manuscrit conservés en Italie sous le Nº 32 des mss. de la Bibliothèque communale d'Imola. L'histoire de ce manuscrit trouve naturellement sa place en tête d'une étude comme celle-ci, elle en formera donc la première partie, la seconde sera consacrée à la description des miniatures elles-mêmes. A l'histoire du manuscrit nous rattacherons celle des miniatures, ou plutôt l'ensemble des conjectures que l'on peut faire sur leur auteur, en partant des quelques documents que l'on possède sur les miniaturistes lombards de l'époque. Mais dès l'abord à celui qui chercherait dans ces pages une désignation précise, absolument certaine, de l'artiste à l'œuvre duquel elles sont consacrées, je réponds en citant les réflexions suivantes de M. le duc de Rivoli à propos de recherches analogues : « Combien de monuments, autrement importants, de la Renaissance sont demeurés entièrement anonymes..... Tous ceux qui se sont occupés de cette époque doivent se résigner à ces ignorances..... De là, pour la curiosité insatiable de la critique actuelle, mille obstacles encombrant la recherche de la paternité, qu'il serait presque sage d'interdire, en matière d'art, tant elle égare les meilleurs esprits [1] ».

[1] *Bulletin du Bibliophile*, 1889, p. 200.

I

Histoire du manuscrit : *son état actuel, recherches faites pour le compléter, ses migrations, son origine.* — *Classement des miniatures subsistantes. nombre de celles qui sont perdues.*

NOUS les renseignements essentiels sur le manuscrit dont nous avons à nous occuper ont été donnés par M. L. Auvray, sous-bibliothécaire à la Bibliothèque nationale, dans son excellent essai d'un catalogue raisonné des *Manuscrits de Dante conservés dans les bibliothèques de France*, Paris, 1892 [2]. Notre tâche en a été facilitée d'autant sans pour cela que nos recherches personnelles aient été infructueuses.

En son état actuel, ce manuscrit forme un volume en parchemin de

---

[1] Cette initiale, comme celle de la page 39, provient des feuillets d'Imola.
[2] *Op. cit.*, pp. 115-127. — Cet ouvrage forme le fasc. 56 de la Bibliothèque des Ecoles françaises d'Athènes et de Rome.

381 feuillets, plus le feuillet A préliminaire. Il mesure 320 millimètres sur 215; il est revêtu d'une demi-reliure en maroquin rouge. C'est l'un des deux seuls manuscrits connus du Commentaire de Guiniforto Bargigi sur l'Enfer de Dante, il serait incomparablement le plus précieux si tant de lacunes ne s'y trouvaient [1]. Du moins est-il toujours le plus important par le mérite des 58 miniatures qu'il renferme encore.

Complètement ignoré des érudits et absent de tous les catalogues, ce manuscrit fut découvert aux environs de 1835 par M. Gaston de Flotte qui en fit l'acquisition et ne l'aliéna jamais. Ce fut seulement après la mort de ce littérateur et publiciste marseillais (août 1882) que ses héritiers eurent la louable sagesse d'assurer la conservation d'un si précieux volume en le cédant à une bibliothèque publique; il devint, au 1er juin 1887, la propriété de la Bibliothèque nationale de Paris.

Dans un article inséré à la *Gazette du Midi* du 29 mars 1838, M. G. de Flotte raconta comment il avait trouvé ce manuscrit « relégué parmi de vieilles toiles dans une mansarde d'un château des bords de la Dordogne, employé à tenir les coiffes de la châtelaine, quand il

---

[1] M. Auvray (*Op. cit.*, p. 118) estime que 30 feuillets au moins manquent au ms. de Paris, sans parler des lacunes du commencement et de la fin du volume et des mutilations subies par 34 feuillets. Nous aurons l'occasion de voir plus loin que cette estimation est en dessous de la réalité; en revanche, le chiffre « d'au moins 55 miniatures perdues » est malheureusement trop exact.

n'était pas livré, par des mains imprudentes, à des enfants qui s'amusaient à en découper les miniatures ». On en avait d'ailleurs préalablement effacé les nudités par de prudes et stupides grattages. M. G. de Flotte l'acquit sans difficulté et l'emporta tout dépecé à Marseille avec la même ferveur religieuse qu'Enée emportant de Troie ses dieux domestiques, selon l'expression de M. Auvray, empruntée de Zacheroni. Aussitôt il s'occupa de faire publier le commentaire encore inédit de Guiniforto Bargigi. Ce travail fut confié à l'avocat Giuseppe Zacheroni, originaire d'Imola, que ses opinions politiques avaient fait bannir [1] en 1831 par le gouvernement pontifical et par l'Autriche, alors maîtresse d'une partie de la haute Italie. « La maison Didot se chargea de l'impression. On annonça trois volumes devant contenir dix vignettes, tirées des meilleures miniatures du commentaire et dessinées par les premiers artistes ; le premier volume devait paraître à la fin d'octobre 1836. Sans doute les souscriptions se firent attendre et ne furent pas extrêmement nombreuses, car l'ouvrage ne parut qu'en 1838 chez Mossy [2], à Marseille, et Molini, à Florence, non en trois volumes, mais en un seul, orné

---

[1] Cf. *Giornale dantesco*, An. III, p. 117, article de M. E. Lamma, intitulé : *Del commento allo Inferno di G. Bargigi e di un ignoto ms. di esso*.

[2] *Lo Inferno della Comedia di Dante Alighieri col commento di Guiniforto delli Bargigi tratto da due manoscritti inediti del secolo decimo quinto con introduzione e note dell avv° G. Zacheroni*.

non de dix vignettes, mais de trois seulement, dessinées par des artistes qui n'étaient vraisemblablement pas les premiers du temps [1] ».

Zacheroni s'aida pour son édition du second manuscrit connu du commentaire de Bargigi, qui figurait parmi les mss. de la Bibliothèque royale, aujourd'hui nationale, décrits dans le catalogue de Marsand. Ce second ms., N° *1469 fonds italien*, avait jadis fait partie de la bibliothèque de La Vallière [2] d'où il passa, en 1784, sur une adjudication de 480 livres, dans

---

[1] Auvray, *Op. cit.*, p. 116. — On lit dans un prospectus paru après la seconde livraison de l'ouvrage et conservé à la Bibliothèque communale d'Imola : « L'ouvrage formera deux volumes et contiendra cinq vignettes copiées des meilleures miniatures du Commentaire et dessinées par les premiers artistes ». De fait le gros volume de Zacheroni porte au dos la mention « Tomo I° e II° ». Quant aux vignettes, on peut à la rigueur en trouver cinq : la première, représentant la porte de l'Enfer (Cf. *infra*, Planche VI), est en effet reproduite trois fois, sur la couverture, sur le titre intérieur du volume et enfin sur une feuille faisant suite à l'introduction et à deux notices consacrées l'une aux mss. utilisés pour l'édition et l'autre à Guiniforto Bargigi ; aussitôt après le titre intérieur du volume on trouve une seconde vignette, Dante et Virgile y sont appuyés sur la tombe du pape Anastase IV (Cf. *infra*, Planche XXV) : Zacheroni, par une attention spéciale, l'a placée en regard de la lettre à Grégoire XVI dans laquelle il assurait au pontife que s'il s'était enhardi à lui dédier son œuvre, c'était parce qu'il lui avait trouvé dans l'Enfer un « luogo condegno la dove il Ghibellino pose quello di altri Vostri Predecessori » ; la troisième, ou si l'on veut la cinquième vignette du volume, précède immédiatement le texte de Bargigi, c'est une copie de la miniature reproduite à la planche XXX de cet album.

[2] *Catalogue des livres de feu M. le duc de La Vallière* (1783), Iʳᵉ part., II, N° 3569.

celle du roi. Il faisait, en réalité, retour à cette bibliothèque : exécuté dans le Milanais, à la fin du XVe siècle, il avait, au commencement du XVIe, été donné au roi de France François Ier par un certain Minuzio[1] ainsi qu'en témoigne une inscription latine du feuillet 1 v°. Il sortit on ne sait comment, ni à quelle époque, de la Bibliothèque royale et l'on n'en trouve plus trace jusqu'au XVIIIe siècle. Il reparaît alors dans les collections du duc de Brancas, comte de Lauragais (1765)[2], de Gaignat (1769), enfin de La Vallière. Cette circonstance devait établir une confusion que M. L. Delisle fut le premier à reconnaître[3]. Un bibliophile, vraisemblablement M. G. de Flotte lui-même, avait transcrit en tête de l'exemplaire retrouvé dans le midi la notice rédigée par de Bure, dans le catalogue La Vallière, et relative au ms. donné par Minuzio à François Ier. Zacheroni crut, dès lors, avoir retrouvé dans le ms. de M. G. de Flotte celui même qui avait appartenu à François Ier et il supposa que la Bibliothèque royale n'en possédait plus qu'une copie, le 1469 actuel. « Depositato — l'exemplaire donné à François Ier — nella Regia Biblioteca di Parigi, non mi è stato possibile d'indagare, come ne fosse tolto, ed in sua vece messa la copia di cui,

---

[1] Zacheroni s'exprime ainsi sur ce personnage dans une note relative à ce ms. : « Giacomo Minuzio Milanese, uomo di molta erudizione, ma traditore alla Patria, perchè parteggiò per lo straniero ».

[2] Cf. Auvray, Op. cit., pp. 112, 113.

[3] L. Delisle, Cabinet des manuscrits, III, 350.

scambiandola coll' Originale, parla il signor Marsan nel suo Catalogo dei Manoscritti Italiani di quella Biblioteca ». Colomb de Batines accepta l'hypothèse et la confirma de son autorité dans la *Bibliografia dantesca*, parue en 1845. « La vérité est que la prétendue copie n'a jamais existé et que le manuscrit italien 1469 est bien celui de François Ier qui, depuis 1784, n'est jamais sorti de la bibliothèque. Il conserve encore sa belle reliure en maroquin brun à petits fers et il est absolument impossible, à la moindre inspection, soit de l'ornementation, soit de l'écriture, de le considérer comme une contrefaçon [1] ». Mais là ne fut pas la seule ni même la principale erreur de Zacheroni. Non content de faire étalage d'anticléricalisme dans la dédicace, l'introduction et les notes [2] de son édition, il s'en laissa inspirer plus mal à propos encore, dans la manière dont il publia le commentaire de Guiniforto Bargigi. « Pour montrer au monde civilisé que *il Genio del bello e del grande* n'est pas éteint parmi les Italiens », il

---

[1] Auvray, *Op. cit.*, pp. 113-14.

[2] Nous avons parlé plus haut de cette dédicace à Grégoire XVI; l'introduction était écrite sous forme de discours patriotique à la jeunesse italienne; les notes contenaient des appréciations injurieuses aux doctrines théologiques, traitées de « bluettes et de vain caquetage » *baie e vana cicaleria*, Guiniforto Bargigi y était qualifié de *servile catolico* ; il n'en fallait pas tant à cette époque pour motiver une mise à l'Index que le Saint-Office ne fit pas attendre. Par décret du 9 septembre 1840 l'*Introduzione, e note, e dedica ad lo Inferno* furent condamnées. Cf. *Index libr. prohibit.*, édition Marietti, Turin, 1891, p. 435.

déclare dès l'abord [1] que, reproduisant du commentaire de Bargigi *la sposizione testuale, storica et filosofica intera*, il en laissera de côté toute doctrine théologique pour autant que la matière du texte et la connexion des choses qui s'y trouvent expliquées le lui permettront. M. le professeur E. Lamma, d'Imola, a donné récemment dans le *Giornale dantesco* [2] l'appréciation de ce procédé d'édition : « Che cosa il *bello* ed il *grande* c'entri a questo proposito, non lo sappiamo ; e Dante, pure essendo ligio alla teologia seppe fare un opera *bella e grande* ; ma qual diritto aveva il Zacheroni di mettere le mani nel testo, di sopprimere nel commento del Bargigi quanto v'era di dottrina teologica ? Anche perdonandogli di avere riprodotto il testo in una lezione ammodernata, qual diritto aveva di sopprimere quanto a lui non piaceva, mostrando di non saper distinguere tra il clericalismo e la teocrazia ? » Ce n'était malheureusement pas la seule distinction qui échappait à notre avocat. M. G. de Flotte s'aperçut bientôt que celle du tien et du mien ne lui était pas toujours beaucoup plus familière. En effet, M. de Flotte avait confié son ms. à Zacheroni, qui a pris soin de l'en remercier dans son livre : « Debbo alla gentilezza di lui di avere potuto ritenere presso di me questo manoscritto assai tempo a percorrerlo attentamente ». Avant de le rendre, il se permit d'en soustraire 21 feuillets ornés

---

[1] Note sur les mss. de Bargigi, faisant suite à l'Introduction.
[2] Ann. III, Quad. III, p. 118.

de 13 miniatures des mieux conservées ! Il intercala ces feuillets dans un exemplaire de son édition, fit relier le tout ensemble en laissant rogner les feuillets manuscrits à la dimension du volume imprimé, 250 mm. sur 170, puis il en fit hommage à la bibliothèque de sa ville natale !

En 1894, M. Romeo Galli, bibliothécaire à Imola, publia le catalogue fort intéressant des mss. et incunables de la bibliothèque dont il est gardien [1] et décrivit succinctement sous le N° 32 des mss., les feuillets susmentionnés. Peu de mois plus tard, M. le professeur Novati, de l'Academia scientifico-litteraria de Milan, connaissant, par quelques essais que je lui avais soumis, mon dessein de publier la reproduction phototypique de toutes les miniatures du ms. 2017 de Paris, eut la complaisance de me faire connaître la publication de M. Galli. Il me faisait part en même temps du soupçon qu'il avait conçu du rapport que ces feuillets devaient avoir avec le ms. de Paris. La certitude de cette hypothèse ne fut pas difficile à établir. Le caractère des miniatures était le même de part et d'autre, l'écriture concordait aussi ; enfin chacun des feuillets d'Imola correspondait exactement à quelque lacune du ms. de Paris [2].

---

[1] Romeo Galli, *I manoscritti e gli incunaboli della biblioteca communale d'Imola*. Imola 1894.

[2] M. le prof. E. Lamma a établi cette concordance dans le fasc. déjà cité du *Giornale dantesco*. M. R. Galli l'avait, dès avant la publication de ce fasc., établie pour moi en s'aidant de la description du ms. 2017 donnée par M. Auvray et de l'édition Zacheroni. Ayant à ma disposition le codex parisien, il me fut aisé de contrôler l'exactitude

Nous verrons plus loin, à propos du classement des miniatures dans la série dont est formé cet album, quelles sont les lacunes du ms. 2017 qui se trouvent ainsi comblées.

La découverte de ces feuillets me fit concevoir l'espérance d'en retrouver d'autres encore. Supposant que Zacheroni avait reçu l'autorisation de les conserver, l'idée me vint que M. de Flotte, par une générosité malheureuse, aurait peut-être offert quelque semblable présent aux propriétaires du château des bords de la Gironde. Qui sait, me disais-je, s'il ne se sera pas accordé à lui-même le luxe d'un exemplaire de l'édition de Zacheroni illustré à la façon de celui d'Imola ? J'entrepris des recherches dans ce sens et bientôt, comme la Perrette de la fable, je vis mes espérances ruinées par une triste réalité [1]. J'eus à faire en mon for interne réparation d'honneur à l'homme distingué qu'était M. G. de Flotte. M'étant adressé en dernier lieu à son gendre et héritier, M. de Tournadre, ancien magistrat, je reçus de lui les

de ce travail. Là n'est pas le seul service dont je suis redevable au jeune et érudit bibliothécaire d'Imola ; je ne saurais oublier la complaisance et l'amabilité extrêmes avec lesquelles, lors d'une courte visite à sa bibliothèque, il m'a aidé à recueillir les notes qui m'étaient utiles.

[1] Je tiens à exprimer ici mes remerciements aux personnes qui ont bien voulu faire pour moi des investigations dont je ne leur suis pas moins obligé que si un succès plus heureux avait couronné leurs efforts ; MM. Borelli et Brun à Marseille, ce dernier bibliothécaire de la Bibliothèque de la ville, ont acquis ainsi des droits spéciaux à ma reconnaissance et j'en dois dire autant de M. Duilhé de Saint-Projet, recteur des Facultés catholiques de Toulouse.

renseignements [1] que voici : « Je sais que mon beau-père, M. Gaston de Flotte, confia son précieux manuscrit au sieur Zacheroni, il y manquait quelques feuillets et quelques miniatures. Je sais aussi que le dit Zacheroni s'est permis de soustraire de ce manuscrit plusieurs feuillets et plusieurs miniatures. Il n'y était nullement autorisé et n'a dû qu'à la bonté de mon beau-père de ne pas être poursuivi pour ce véritable... — Je me souviens aussi qu'une note émanant de mon beau-père et collée à l'intérieur du manuscrit relatait certains de ces faits ; la Bibliothèque nationale aurait-elle fait disparaître cette note [2] ?..... mon beau-père avait dans sa bibliothèque un exemplaire du volume de Zacheroni, mais il ne contenait aucune miniature ». C'en était fini de mes hypothèses.

Il nous faut maintenant remonter plus haut dans l'histoire de notre manuscrit et rechercher comment d'Italie, où il fut indubitablement écrit, il arriva sur les bords de la Dordogne. La note suivante, qui se lit encore au fol. 16 v°, va nous y aider : « Henry-Victor de Cardailhac, baron et marquis de La Capelle-Marival, Saint-Maurisse, Rudelle, La Baptudé et de Saint-Cernin du Causse, gentilhomme de la Chambre du Roy et mareschal de ces (sic)

---

[1] Lettre du 18 juillet 1895.

[2] Cette note ne se trouve plus aujourd'hui dans le ms. 2017. La disparition en est vraisemblablement antérieure à l'acquisition de ce ms. par la Bibliothèque nationale. Toujours est-il que M. Auvray ne l'a pas connue lorsqu'il rédigeait la description scrupuleusement exacte et complète que nous avons souvent citée.

camps. — Le présent livre est au marquis de La Capelle-Marival, fils de François de Cardailhac et de Magdelaine de Lavedan, et petit-fils d'Anthoine de Cardailhac, chevailher de l'ordre du Roy et seneschal de Quercy, et de dame Victoire d'Aquino, qui fut fille d'Anthoine d'Aquino, marquis de Ceratte, et de Elisabeht (sic) de Caraciol, fille de Jean Caraciol, prince de Melphe, mareschal de France, et de Jeane de Saint-Severin, du royaume de Naples ». Ces détails généalogiques apparaîtront plus nettement sous forme de tableau :

Jean Caraciol, prince de Melphe, mareschal de France,
(né en 1480, mort en 1550), époux de
Jeane de Saint-Severin, du royaume de Naples.
|
Elisabeht de Caraciol,
épouse de
Anthoine d'Aquino, marquis de Ceratte.
|
Victoire d'Aquino.
épouse de
Anthoine de Cardailhac, seneschal du Quercy.
|
François de Cardailhac,
époux de
Magdelaine de Lavedan.
|
Henry Victor de Cardailhac, marquis de La Capelle-Marival, mareschal des camps du Roy.

En se basant sur cette note, M. Auvray suppose que le précieux manuscrit « fut apporté en France dans la première moitié du XVIe siècle, et cela, selon toute vraisemblance, soit par le maréchal Caraccioli, soit par sa fille Elisabeth ;... il dut passer, par voie d'héritage, au gendre de celle-ci, Antoine de Cardaillac, sénéchal de Quercy, et resta pendant plusieurs générations la propriété de ses descendants ». Cette hypothèse est d'autant plus acceptable que la note citée plus haut semble rédigée précisément en vue d'expliquer la provenance du volume. Pourquoi, en effet, ce passage de l'ascendance paternelle directe des Cardailhac à l'ascendance par les femmes poussée jusqu'au maréchal Caraccioli ? Les illustrations ne manquaient pas au marquis de La Capelle-Marival (Henry-Victor de Cardailhac) dans son ascendance directe : gens de robe et gens d'épée s'y rencontraient nombreux, célèbres les uns par leurs exploits contre les Albigeois, les autres par l'importance des charges qu'ils avaient revêtues, d'autres encore par la sainteté de leur vie et leur rang dans l'Eglise [1]. S'il a inscrit *sur ce volume*, dans la première moitié du XVIIe siècle, une généalogie aussi indirecte, il avait pour cela un motif que l'on peut avec toute vraisemblance déterminer comme l'a fait M. Auvray. Il n'est d'ailleurs pas malaisé de se rendre compte de la manière dont ce ms. a pu entrer en possession du maréchal Jean Caraccioli. Si

---

[1] Cf. Moreri, *Dictionnaire historique*, tome II, pp. 79-80, Paris, 1712 — ou mieux la *Généalogie de la maison de Cardailhac*. Paris, 1654.

l'on admet avec nous, pour les motifs que nous donnerons plus loin, que ce ms. était originairement conservé dans le duché de Milan, il n'y a rien d'étonnant à ce que Louis XII ou François Ier, au temps de leurs expéditions d'Italie, en aient fait don au prince de Melphe en récompense de ses services et en témoignage d'amitié. Dans sa jeunesse, en effet, Jean Caraccioli s'attacha au parti qui soutenait les prétentions des rois de France Charles VIII et Louis XII au trône de Naples [1]. Il prit part, en 1512, à la célèbre bataille de Ravenne ou Gaston de Foix victorieux trouva la mort. Plus tard, il est vrai, s'étant déclaré pour Charles-Quint il eut à lutter contre les Français; Lautrec, qui menait la guerre dans le royaume de Naples au nom de François Ier, assiégea son château de Melphe et le réduisit en 1528. « Le prince fut sauvé avec bien peu des siens, et tous les autres tuez, et la ville saccagée, en laquelle en tout il y eut trois mille homme de tuez [2] ». Caraccioli se rattacha dès lors à François Ier qui lui fit bon accueil, lui donna des terres en France, en échange de celles qu'il avait perdues en Italie, et le nomma lieutenant général de ses armées. Il reconnut cette générosité en servant vaillamment le roi de France contre l'Empereur en Provence, en 1536, et contre les Impériaux, au siège de Landrecies, en 1543. Ce fut à la suite de ces exploits que Caraccioli reçut le bâton de maréchal

---

[1] Moreri, *loc. cit.*

[2] *Histoire des guerres d'Italie,*...... par François Guicciardini...... traduite en français par Hier. Chomedey, fol. 447. Paris, 1612.

et que deux ans plus tard, en 1545, il fut envoyé dans le Piémont avec qualité de lieutenant-général. Il mourut à Suze, en 1550. Pendant que ce prince italien savait ainsi mériter les faveurs et la protection des rois de France, ceux-ci étaient au plus fort de leurs luttes pour la possession du Milanais. De 1499 à la paix de Crespy en 1544, ou même à la mort du duc d'Orléans, fils de François Ier, en 1545, Louis XII et son successeur furent, à plusieurs reprises, les maîtres du duché de Milan. Ces coïncidences ne sont pas sans intérêt pour la question qui nous occupe, en ce sens que les circonstances du temps étaient favorables à une migration de notre ms. du Milanais en France, que cette migration se soit produite par le fait d'un don du duc de Milan, roi de France, à Caraccioli, ou de toute autre manière. Une présomption demeure toutefois en faveur de la première hypothèse puisque nous trouvons, quelque cinquante ans plus tard, le ms. en la possession d'un descendant français du prince de Melphe.

Nous avons jusqu'à présent toujours supposé au ms. 2017 une origine milanaise, il nous reste à établir ce dernier point. Des preuves intrinsèques, tirées de l'écriture et surtout des détails linguistiques, imputables au copiste, pourraient ici nous servir. Il s'en trouve assez, au dire de philologues compétents [1], pour attester un codex lombard. Mais une telle étude nous

---

[1] Je tiens ce renseignement de M. le prof. Lamma qui commençait, au moment où je le rencontrais, son étude sur les feuillets d'Imola du commentaire de Bargigi, parue depuis dans le *Giornale dantesco*.

entraînerait à de trop longs développements et nous la laissons à celui qui entreprendra quelque jour, il faut l'espérer, de nous donner une édition sérieuse du commentaire de G. Bargigi. Les indications ne nous manqueront d'ailleurs pas en dehors du texte pour donner une base acceptable à notre opinion.

L'auteur du commentaire contenu dans ce volume était le fils du célèbre humaniste Gasparino Barzizza[1], qui fut successivement professeur à Pavie, à Venise, à Padoue et à Milan. Il naquit à Pavie en 1406 et reçut le nom de Guiniforto ; à l'âge de 15 ans il fut lauréat de la faculté des Arts de Padoue et n'ayant pas encore atteint sa vingtième année fut admis à titre exceptionnel dans le collège des docteurs de l'université de Pavie[2]. Les mémoires de cette

---

[1] Ce nom de Barzizza est celui d'un village des environs de Bergame où naquit Gasparino, l'appellation de Bargigi ordinairement usitée soit pour lui, soit surtout pour son fils, doit provenir de la traduction latine de ce nom *Gasp. Barziçii opera, etc.* — Ginguené, dans son *Histoire littéraire d'Italie* (Paris 1811), tome III, p. 290, donne un détail qui montre la haute estime où l'on tenait, en son temps, l'élégance de style de Gasp. Barzizza : « Quand deux docteurs de Sorbonne — Guillaume Fichet et Jean de la Pierre — eurent fait venir d'Allemagne à Paris, en 1469, trois ouvriers imprimeurs — Ulric Gering, Martin Crantz et Michel Friburger — qui dressèrent leurs presses dans une salle de cette maison, les lettres de Gasparino furent le premier produit de cet art, nouveau pour Paris et pour la France ».

[2] Cf. G. Finazzi, *di Guiniforte Barziza e di un suo commento sull' Inferno di Dante recentemente publicato*. Bergamo, 1845, p. 42, discours lu à l'Athénée de Bergame, le 5 septembre 1844.

université, dans la série chronologique des professeurs de philosophie et belles-lettres [1], nous donnent les renseignements suivants sur la carrière universitaire de Guiniforto Bargigi :

	PATRIA	INSEGNAMENTO	ANNO PRIMO	OSSERVAZIONI
Barzizza Guiniforto	Pavia	*ad lect. Philosophiæ moralis in festis*	1425	Nato in Pavia dal celebre Gasparino da Bergamo lesse in Pavia fino al 1426 : nel 1434 fu lettore d'arte orat. e filosofia in Milano. Fu notato nei rotoli e nei registri dei salariati fino al 1447, sebbene non fosse obligato alla lettura per alti incarichi del Duca, di cui era consigliere.
	»	»	1426-27	
	»	*Philosophiæ et Artis Rhetoricæ* (a Milano)	1434	
	»	*Rhetoricæ*	1439-40	
	»	»	1447	

Les lettres et discours de Guiniforto Bargigi nous renseignent sur l'emploi qu'il fit des sept années qui séparent ses débuts dans l'enseignement universitaire de sa nomination de lecteur payé [2] à l'université de Pavie, en 1434. Jusqu'à la mort de son père, survenue en 1431,

---

[1] *Memorie e documenti per la storia dell' Università di Pavia e degli uomini più illustri che v'insegnarono.* Pavia, 1877-78, tom. I, p. 155.

[2] Jac. Parodi, *Elenchus privilegiorum et actuum publici ticinensis studii*, 1753, p. 30 : « 1434 Electio ad lecturam philosophiæ moralis D. Guiniforti de Barziziis cum salario. *Lit. Duc. 30 novembris et 2 decembris.* » — Le discours par lequel G. Bargigi inaugura ce nouvel enseignement ne fut prononcé qu'en 1435, le 6 des calendes de

il enseigna dans le *Ginnasio ticinese*, puis à Novarre[1]; c'est alors qu'il adressa une supplique au duc de Milan Filippo-Maria Visconti pour obtenir la succession à la chaire que son père avait occupée à Milan pendant près de quatorze ans[2] : « Nihil est enim quod celebriorem Gasparini tui apud posteros famam reddere possit quam si facultatem hanc oratoriam quasi jure quodam hæreditario, in ipsius liberos transire volueris[3] ». Mais la chaire d'éloquence était occupée déjà par maître Antonio da Ro ou Rhaudense et le duc n'écouta pas le plaidoyer *pro domo* par lequel Bargigi essayait de le convaincre de la nécessité de confier un même enseignement à plusieurs maîtres[4]. L'année suivante, au mois de mars, nous le retrouvons à Barcelone haranguant le roi Alphonse d'Aragon, qui en fit son conseiller et l'entraîna dans des expéditions militaires en Afrique et en Sicile. Enfin, en 1434, il rentra à Milan et, y ayant gagné la faveur du duc, il put prendre possession de la chaire paternelle tant convoitée[5]. Il la garda

février, soit le 27 janvier, et à Milan où les études dépendaient de l'Université de Pavie. Cf. *Gasparini Barzizii... et Guiniforti filii opera... edidit Furiettus.* Rome, 1723, Pars II, p. 24.

[1] Furiettus, *op. cit.*, pp. 16 et 18.
[2] Tiraboschi, *Storia della letteratura italiana*, trad. Landi. Berne, 1784, vol. III, p. 305.
[3] Furiettus, *op. cit.*, p. 15.
[4] *Ibid.*
[5] *Ibid.*, p. 24.

jusqu'à la mort de Filippo-Maria en 1447. A la charge de lecteur d'éloquence, le duc ajouta bientôt celles d'orateur du palais et de vicaire-général du duché de Milan [1] ; il lui confia à plusieurs reprises des missions délicates auprès des papes Eugène IV et Nicolas V, d'Alphonse Iᵉʳ, roi de Naples, et de Louis de Savoie [2]. Les rescrits ducaux et la correspondance de Bargigi lui-même n'attestent pas moins la sollicitude de Filippo-Maria pour son protégé ; en 1441 le duc ordonne que paiement lui soit fait de ses honoraires de professeur même s'il interrompt son enseignement ; en 1444 il confirme le privilège tout en augmentant le salaire [3]. Ce fut pendant cette période (1435-1447) que Bargigi entreprit, sur l'ordre de son maître, le commentaire de la Divine Comédie en langue italienne. Cette obligation d'employer le parler vulgaire fut

[1] *Ibid.*, p. 26 : « Ego a divo Caesare nostro Philippo Maria non solum ad paternum olim munus nunc assumptus, ac proventibus annuis ex publico aerario copiose donatus, verum etiam aliis clarissimis ornamentis amplificatus sum ».

[2] *Ibid. passim.*

[3] Jac. Parodi, *op. cit.* : « 1441 pro D. Guiniforto de Barziziis, ut habeat salarium, etiam quod absit et non legat. *Lit. Duc., et Magistr. 13 et 16* », p. 33. « 1444 augmentum salarii D. Guiniforto de Barziziis omnino solvendum Papiæ ex assignatis studio. *18 octobris* », p. 34. Dans une lettre inédite à son frère Jean-Augustin, datée de Milan « pridie nonas maias 1442 », Bargigi s'en exprime ainsi : « Vacationem a publico legendi munere, vix tamen, obtinui, et quidem ea libera permissa est nulla eorum proventuum quos ex aerario annuos percipiebam detractione facta ». *Cod. Ambros. O, 159, f. 52.*

particulièrement pénible à un humaniste tel que lui. Dans une lettre sans date adressée à un certain Zacharias Rido, il écrit : « Non ignoras, ab Illustrissimo Duce Domino nostro in me conjectam plebeio stylo commentandi Dantis sarcinam [1] ». Il est plus explicite encore dans l'épître dédicatoire de son commentaire qu'il écrivit pour le duc et lui adressa par l'intermédiaire d'un de ses camériers, Jacobo de Abiate : « Quam novum autem mihi latinis literis dedito futurum sit, secreta, abditaque altissimarum doctrinarum verbis vulgaribus aperire : ethrusco sermone, quae mente conceperim, non incorrute depromere, facile quisque rerum non prorsus ignarus judicare potest [2] ». Malgré ces répugnances il se mit à l'œuvre pour obéir à son bienfaiteur. Commenta-t-il le poème de Dante tout entier ? L'*explicit* du commentaire de l'Enfer indique bien que telle fut l'intention de l'auteur « ... dei quali dirò nella secunda, intitulata *Purgatorio, etc...* », toutefois, il ne semble pas qu'il soit rien subsisté de cette continuation. Ce que nous savons plus certainement, c'est que Guiniforto offrit au duc un exemplaire de son *Commento sopra lo Inferno*. L'épître dédicatoire déjà citée nous en fournit la preuve dans sa terminaison : « Munusculum hoc, qualecumque est, illustrissimo Principi nostro, et excellentissimo Duci velim offeras ». Nous y trouvons aussi plusieurs fois répétée la mention de l'intérêt

---

[1] Furiettus, *op. cit.*, p. 163.
[2] *Ibid.*, p. 76.

spécial que Filippo-Maria avait porté à l'œuvre de son vicaire-général et conseiller, œuvre que celui-ci avait exécutée avec grand soin « posthabitis magna ex parte non solum rei familiaris sed et conservandæ valetudinis et rerum curis », comme remplissant un devoir nullement désiré, mais à lui imposé par son Prince : « qui neque hanc sarcinam a sua Celsitudine mihi, te referente (Jacobo de Abiate), impositam expetivi, sed devote ac reverenter excepi ».

Mais qu'est devenu cet exemplaire du Commentaire de Bargigi donné au duc et quel était-il ? Assurément que ce devait être un manuscrit du plus grand luxe ; du moins si l'auteur ne put en offrir un très riche, le duc lui-même en dût-il faire exécuter une copie aussi magnifique que possible. L'œuvre n'était-elle pas en quelque manière sienne, puisqu'elle avait été exécutée sur son ordre ? N'était-elle pas plus que toute autre, de nature à l'intéresser étant écrite en italien et relative à Dante ? Nous voyons, en effet, dans la vie de Filippo-Maria, écrite par un de ses protégés, Pietro Candido Demetrio, que ce prince lisait volontiers les vies des hommes illustres traduites en italien « perchè non era molto intendente del latino [1] ». Le même auteur nous apprend encore qu'en son enfance Filippo-Maria avait été instruit des belles-lettres et qu'un célèbre érudit Milanais de cette époque, Marziano da Tortona « lo aveva ammaestrato nei

---

[1] Cité par Giulini, *Memorie spettanti alla storia, al governo ed alla descriɀione della città e campagna di Milano*, vol. VI, p. 228.

poemi di Dante ¹ ». Les deux grands bibliographes de Milan, Sassi et Argellati ² sont, en outre, d'accord pour faire de ce dernier des Visconti qui ait été duc de Milan, une sorte de nouvel Auguste, protecteur des lettres et des sciences.

De tous ces renseignements il semble permis de conclure que Filippo-Maria se fit un plaisir de posséder un exemplaire luxueux du Commentaire de Dante dont la postérité devait lui être redevable et qui a mérité d'être placé par Martino-Paolo Nidobeato à côté des principaux commentaires de la Divine Comédie, tels que ceux de Pietro di Dante, Jacopo della Lana, Benvenuto da Imola, Giovanni Boccacci, Riccardo Carmelitano et Andrea da Napoli ³.

Difficilement trouverait-on un manuscrit plus précieux que dut l'être celui qui nous occupe, quand il sortit des mains du copiste et de l'enlumineur, et ce doit nous être un indice que ce magnifique codex fut précisément celui du duc de Milan. Il est, d'ailleurs, à noter que seul des deux manuscrits connus du commentaire de Bargigi, celui dont nous parlons commence par l'épître dédicatoire de l'auteur ⁴. La disparition du frontispice et des premiers

---

¹ *Ibid.* — Le nom latin de Marziano da Tortona est, sous la plume de Decembrio, *Marzianus Terdonensis*.
² Saxius, *de Studiis Mediol.*, cap. vIII, p. 34. — Argellati, *Biblioth. Script. Mediol.*, *ubi de Philippo Maria Vice comite*.
³ Cf. Lamma, *art. cit.*, dans le *Giornale dantesco*, anno III.
⁴ Cette épître, imprimée parmi les *Orationes et Epistolæ* de Guiniforto, est « incomplète du début dans le

feuillets du volume empêchera vraisemblablement toujours de donner une certitude en quelque sorte tangible, à cette supposition. Malgré cela il était bon de l'exposer ici et peut-être semblera-t-elle satisfaisante au lecteur. En l'acceptant nous nous trouvons d'ailleurs avoir aussi résolu une difficulté considérable, celle du paiement d'une illustration aussi coûteuse.

Les conventions entre enlumineurs et propriétaires de manuscrits qui nous sont parvenues, attestent les prix excessivement élevés des beaux livres enluminés des XVe et XVIe siècles. Un contrat [1] de 1554 entre Don Gregorio Litta, procureur de la Chartreuse de Pavie, et Don Evangelista della Croce, chanoine régulier, vicaire du monastère de Santa-Maria di Casoretto, à Milan, assure à ce dernier cent écus d'or à 5 L. 18 s. pour l'enluminure d'un Graduel [2]. Ce travail est ainsi détaillé dans l'acte authentique : « ... supra libro uno in carta vitulina magna de quaternis XIII foliorum int. N° 104 infras. litteras solemnes ameniatas cum historiis intus frixiis et ornamentis circum circa folia dicti libri in campo auri macinati et ms. 2017, elle commence seulement avec ces mots : [so] lertia, cum ipsius quotidie lateri assistas... ce qui suppose une lacune initiale d'un feuillet ». Auvray, *Manuscrits de Dante*, p. 117.

[1] Cf. Michele Caffi, *Di un excellente miniatore finora ignoto, Evangelista della Croce, milanese*. — *Archiv. stor. ital.*, série III, t. XIII.

[2] M. Michele Caffi, *loc. cit.*, emploie l'expression *messale romano da coro* que la langue liturgique traduit par *Graduale*.

omnia debite refferendo. Item omnes alias litteras quas non sunt solemnes, videlicet graduales, versetos, responsorios, alleluja, offertorios et communiones in campo auri de folia cum suis ornamentis convenientibus et laudabilibus ¹ ». Une liste qui suit détermine 11 grandes initiales à histoires; pour les autres lettres il n'est demandé qu'un champ d'or avec les ornements et frises convenables. La somme convenue pour ce travail équivalait à 600 francs, à peu près, de notre monnaie ², mais avec un pouvoir d'achat environ huit fois supérieur, soit 4,500 à 5,000 francs au cours actuel.

Un autre document, celui-là du 24 avril 1448, atteste des prix sensiblement égaux. C'est une lettre adressée par Belbello, fameux miniaturiste milanais, à Paolo Gonzaga, marquis de Mantoue, pour le prier d'établir lui-même le prix des enluminures exécutées dans le missel de Gianlucido, son fils défunt. Il lui rappelle une promesse reçue par l'intermédiaire du chapelain Antonio da Viadana qui « fu qua e me dise per parte sua che io facesse littere L, o veramente LX per IIIJº ducati, sono lettere grande e picole ³ ». En comptant le ducat à 11 fr. 50

---

¹ *Loc. cit.*

² « L'écu d'Italie (scudo) qui a valu de 5 à 7 francs », Bouillet, *Dictionnaire*. — En ce qui concerne les variations du pouvoir de la monnaie, Cf. J. Rambaud, *Eléments d'Economie politique*, Paris, 1895, p. 284 : « L'hectolitre de blé redescend en 1492 à 9 gr. 54, soit 1 fr. 91 »; il est aujourd'hui aux environs de 20 francs.

³ Franc. Carta, *Codici corali e libri a stampa miniati della Biblioteca nazionale di Milano*. Roma, 1891, p. 154.

et le pouvoir de la monnaie comme dix fois supérieur à celui que nous connaissons, ce sont quatre à cinq cents francs pour de simples lettres ornées. Les prix montaient encore pour des ornementations plus compliquées. Decembrio nous parle, dans la vie de Filippo-Maria Visconti (cap. LXI), d'un jeu de cartes orné de peintures, où l'on voyait « Deorum imagines,... animalium figuras et avium, miro ingenio summaque industria perfectas », et qui fut acheté par le duc de Milan au prix de 1,500 écus d'or, soit environ 8,000 francs de notre monnaie en valant à peu près dix fois plus aujourd'hui.

De tels prix ne sont évidemment pas abordables aux premiers venus. Notre manuscrit avec ses cent dix ou cent quinze miniatures et ses soixante-huit grandes initiales ornées à fond d'or, sans parler de ses innombrables petites lettres ornées, représentait donc, lui aussi, une fortune [1]. Filippo-Maria Visconti, qui s'accordait des jeux de cartes du prix de 1,500 écus d'or, pouvait en dépenser autant pour un manuscrit contenant l'œuvre maîtresse de son poète favori avec un commentaire fait sur ses ordres et en quelque sorte pour lui.

Mais quel fut, dans cette hypothèse, l'heureux artiste auquel le duc confia l'exécution

---

[1] En entreprenant cette édition j'espérais pouvoir y joindre une planche en chromolithographie reproduisant une des miniatures les mieux conservées du ms. de la Bibliothèque nationale. Il fallait pour cela commencer par m'en procurer une bonne copie. Un miniaturiste de Paris me parla de *six cents francs* pour prix de cette *copie*.

d'une si coûteuse illustration, et qui sut y faire preuve à la fois d'un talent peu commun de dessinateur et de peintre et d'une intelligence approfondie du poème de Dante? Les miniaturistes de talent ne manquaient pas vers cette époque à Milan [1]; parmi eux Giovanni della Valle, Constantino da Vaprio, Ambroglio Bevilaqua sont avantageusement connus dans l'histoire de l'art, surtout par leur science de la perspective. Il en faut dire autant d'Isacco Imbonati, de Valentino da Milano et de ce Belbello dont nous avons parlé plus haut. Au dessus de ceux-là on doit mentionner encore Leonardo Besozzo qui exécuta, sur l'ordre de Gian Galeazzo Visconti et pour l'instruction de Filippo-Maria, alors tout jeune, une *Iconografia universale da Adamo fino al papa Bonifacio VIII et a Tamerlano*, travail de 38 fol. in-4°, où l'on peut admirer une connaissance de la géographie, de l'histoire et de la chronologie extraordinaire pour l'époque. « Ogni [2] pagina è divisa in tre larghe fascie ed in tre ordini di miniatura su fondo azzurro oltremare. Ogni fascia contiene quasi sempre tre intieri personaggi storici, e talora anche di più, frammisti a fogliami, fiori, rabeschi, vedute di città e di monumenti relativi ai personaggi effigiati. Le figure intiere sono in numero di 324, con pose maestose, ardite, svariatissime,

[1] Cf. L. Malvezzi, *Le Glorie dell'arte lombarde, passim*, Milano, 1882; — Fr. Carta, *Op.-cit.*; — d'Adda, *L'arte del minio nel ducato di Milano dal secolo XIII al XVI*, dans l'*Archiv. stor. lomb.*, vol. XII. Je n'ai malheureusement pu consulter par moi-même ce dernier travail.

[2] L. Malvezzi, *Op. cit.*, p. 92.

con qualche scorcio, e con costumi richissimi, con armature ed arredi e scudi lumeggiati in oro e talora anche in argento. Il tutto è eseguito con molto amore, e con grazia e finitezza quasi Luinesca ». Besozzo mourut vers 1440; cette datene nous permet guère de le supposer auteur de l'illustration de notre manuscrit, alors même que son talent d'artiste et que les preuves que nous avons de son érudition nous inclineraient à une telle hypothèse. La question reste donc toujours devant nous, quel fut l'enlumineur du manuscrit de Bargigi ? Le même Pietro-Candido Decembrio qui nous apprenait tout à l'heure qu'un certain Marziano da Tortona « aveva ammaestrato (il duca Filippo-Maria) nei poemi di Dante », nous révèle aussi que ce personnage était un miniaturiste hors ligne et que ce fut à lui que le duc paya un jeu de cartes 1,500 écus d'or. « Variis etiam ludendi modis ab adolescentia usus est (Philippus-Maria); nam modo pila se exercebat, nunc folliculo, plerumque eo ludi genere, qui ex imaginibus depictis fit, in quo præcipue oblectatus est, adeo ut integrum earum ludum mille et quingentis aureis emerit; *auctore, vel in primis Martiano Terdonensi* ejus Secretario, qui Deorum imagines subiectasque his animalium figuras, et avium, miro ingenio, summaque industria perfecit [1] ».

[1] Decembrio, *Op. cit*, cap. LXI. — Ayant, à la lecture de ce texte, soupçonné Marziano d'être l'auteur des miniatures du ms. 2017, j'ai essayé de faire comparer ces miniatures avec quelques-unes des cartes peintes par lui et aujourd'hui en la possession de M. le duc Visconti Modrone. M. le D' Mercati, bibliothécaire à l'Ambrosienne voulut bien se charger de cette tâche, mais il fut arrêté par un refus formel du propriétaire,

Miniaturiste hors ligne et, à la fois, lettré capable d'*ammaestrare* un disciple dans l'intelligence des poèmes de Dante, telles étaient bien les qualités de l'auteur de l'illustration qui nous occupe et dans laquelle nous allons voir l'imagination, la verve et le pinceau d'un grand artiste au service d'une intelligence de Dante digne d'un commentateur soucieux des moindres détails de son texte préféré. Malheureusement (ou plutôt heureusement puisque nous sommes ainsi prémuni contre une fausse attribution) des documents authentiques nous obligent à placer la mort de Marziano da Tortona aux environs de 1420 [1], et nous empêchent de le supposer auteur des miniatures qui nous intéressent. Une seule voie permettra peut-être de connaître un jour la solution de l'énigme, celle de la comparaison de nos petites peintures avec un grand nombre d'autres, exécutées dans la haute Italie vers la même époque et signées de quelque miniaturiste de talent, ou du moins authentiquement attribuées à l'un d'eux. Il ne m'a pas été possible jusqu'à présent de faire de tels rapprochements sur une assez vaste échelle, malgré cela je

[1] La *Raccolta di leggi Visconte e Sforzesche*, conservée parmi les mss. de la Bibliothèque ambrosienne de Milan *H, S, IV, 43*, contient des mentions relatives à Marziano dans un acte du 19 décembre 1418 (fol. 304) et dans un autre du 28 février 1419. D'autre part la même bibliothèque (*Cod. ambros.* L. 69, fol. 213) possède un manuscrit de l'oraison funèbre de Marziano, prononcée par Gasparino Barzizza dont la mort survint en 1431. Dans ce discours l'orateur rappelle les grands honneurs conférés par Grégoire XII à Marziano da Tortona et il semble parler peu de temps après la mort de ce pape, « *qui nuper fuit* ». Or Grégoire XII mourut en 1419.

n'hésite pas à publier sans retard cet album. Le mérite en effet n'en dépend pas seulement d'une signature et la publication elle-même facilitera peut-être à quelque érudit les confrontations d'où pourra sortir la lumière sur l'intéressante question que nous venons d'agiter[1].

En attendant, il faut en venir à l'examen de ce qui nous reste des miniatures du manuscrit de Bargigi et, avant de faire la description détaillée de chacune d'elles, justifier l'ordre dans lequel on les trouvera plus loin reproduites et classées. Il va sans dire que cet ordre est tout indiqué par celui qui devait originairement exister parmi les feuillets du manuscrit. Notre tâche se réduit donc à la vérification de la pagination du volume de la Bibliothèque nationale de Paris et à l'exacte intercalation dans ce volume des feuillets retrouvés à Imola. En ce qui concerne l'ordre actuel des feuillets du manuscrit de Paris il n'y a pas à revenir sur le minutieux examen qu'en a fait M. Auvray. Les quelques interversions qu'il y a relevées ne portent que trois fois sur des feuillets à miniatures. La planche XXXII du présent

---

[1] Puisse-t-on ne pas se heurter trop souvent dans ces recherches aux difficultés signalées par Malvezzi, *Op. cit.*, p. 91 : « Ora fa d'uopo notare che molti libri miniati, massime al tempo della rivoluzione Francese, andarono in parte perduti e in parte sciupati dai ragazzi, che ne tagliarono fuori le immagini, e parte furono venduti all' estero. Egli e vero, che i nostri patrizi ne fecero raccolta, ma questi in loro aristocratica gelosia, e con una specie d'avaro egoismo li tengono custoditi sotto chiave : essi non hanno la veramente nobile ambizione di mostrarli al publico ad onore del paese e a vantaggio dell'arte »,

album, tirée du fol. 214, devrait de ce chef faire suite à la planche XXXVII, dont l'original est au fol. 206. Toutefois la vraie place du fol. 214 étant entre les fol. 185 et 186, comme l'indiquent le texte et la miniature, relatifs tous deux au XVI⁰ chant de l'Enfer, la restitution de la série demandait le classement adopté. Il en faut dire autant de la planche LXIII, tirée du fol. 366 que l'on aurait dû placer entre les fol. 313 et 314. La troisième miniature transposée dans le volume est celle du fol. 365, à placer après le fol. 361. Cette interversion n'atteint d'ailleurs pas la succession des miniatures, les feuillets intermédiaires n'en contenant aucune [1].

Quant aux miniatures d'Imola, il n'est pas difficile d'en retrouver la place dans le volume dont elles sont si malheureusement séparées. Le tableau suivant établit le plan de cette restitution pour tous les feuillets d'Imola, sans exception.

N° des fol. d'Imola	Place d'autrefois dans le ms. 2017	Place actuelle dans le vol. de Zacheroni	Chant	Vers de l'Enfer écrits sur chaque fol.	Miniatures
I	Entre les feuillets 8 et 9	Entre les pages 8 et 9	Chant	I, vers 13-21	1 au v°
II	—	10 et 11	—	14 et 15	»	I, » 55-66	1 au v°
III	—	27 et 28	—	52 et 53	»	III, » 1-12	1 au v°
IV	—	29 et 30	—	56 et 57	»	III, » 22-33	

[1] La miniature du fol. 365 est tellement endommagée qu'il n'eut pas été utile d'en faire une reproduction, il n'en reste à peu près plus que la tête du géant Antée. — Deux autres interversions de feuillets sont encore signalées par M. Auvray, celle du fol. 205 à placer entre les fol. 93 et 94, puis celle du fol. 215 à placer entre les fol. 99 et 100.

N° des fol. d'Imola	Place d'autrefois dans le ms. 2017	Place actuelle dans le vol. de Zacheroni	Vers de l'Enfer écrits sur chaque fol.	Miniatures
V	Entre les feuillets 100 et 101	Entre les pages 190 et 191	Chant VIII, » 67-75	1 au r° et 1 au v.
VI	102 et 103	196 et 197	» VIII, *Frag. du Com.*	1 au r°
VII[1]	113 et 114	216 et 217	» IX, vers 91-105	
VIII	115 et 116	222 et 223	» IX, *Frag. du Com.*	
IX	124 et 125	246 et 247	» X, vers 124-136	1 au v°
	le même feuillet	» »	» XI, » 1-9	
X	130 et 131	260 et 261	» XI, » 76-90	1 au r°
XI	139 et 140	280 et 281	» XII, » 49-57	
XII	143 et 144	288 et 289	» XII, » 76-90	
XIII	161 et 162	324 et 325	» XIII, *Frag. du Com.*	1 au v°
XIV	163 et 164	330 et 331	» XIV, vers 11-15	
XV	264 et XVI	20 et 21	» XXIII, » 1-18	1 au r°
XVI	264 + XV et 265	522 et 523	» XXIII, » 19-33	
XVII	274 et 275	542 et 543	» XXIV, » 1-21	1 au v°
XVIII	276 et XIX	546 et 547	» XXIV, » 22-42	
XIX	276 + XVIII et 277	548 et 549	» XXIV, » 43-60	1 au r°
XX	306 et XXI	608 et 609	» XXVI, *Frag. du Com.*	
XXI[1]	306 + XX et 307	610 et 611	» XXVII, vers 1-15	1 au r°

[1] Cette miniature est bien au r° du feuillet et non pas, comme il semblerait, au v°; le feuillet est retourné. Il en faut dire autant du fol. XXI.

De ce tableau [1] il résulte que les lacunes du *ms. italien 2017* de la Bibliothèque nationale non comblées par la découverte des feuillets d'Imola sont les suivantes [2] :

Désignation des lacunes	Entre les feuillets	Enfer, Chant		vers	
a	9 et 10	—	I,	vers	28-43
b	11 et 12	—	I,	»	76-99
c	16 et 17	—	II,	»	1-9
d	31 et 32	—	III,	»	51-57
e	46 et 47	—	IV,	»	206-120
f	99 et 100	—	VIII,	»	28-66
g	103 et 104	—	IX,	»	1-9
h	115 + VIII et 116	—	X,	»	1-21
i	149 et 150	—	XIII,	»	1-9

[1] M. Auvray n'avait pas remarqué les lacunes existantes entre les fol. 100 et 101, 102 et 103; ce dernier feuillet ne contient d'ailleurs aucun vers de Dante. En outre ses indications sont à compléter en ce qu'il manque deux feuillets, au lieu d'un, dans les lacunes qu'il signale entre .es fol. 264 et 265, 274 et 275, 276 et 277, 306 et 307. Malgré la découverte du fol. XVII d'Imola, il manque toujours un feuillet entre les fol. 274 et XVII.
[2] M. Lamma a donné dans le *Giornale dantesco*, anno III, p. 117, un tableau de ces lacunes, mais il a omis celles que nous désignons plus bas sous les lettres *f* et *h*. En outre il en indique à tort une entre les fol. 124 et 125 et une autre entre les fol. 163 et 164 du ms. 2017; ces deux lacunes sont comblées par les fol. IX et XIV d'Imola.

— 34 —

Désignation des lacunes.

	Entre les feuillets		Enfer, Chant		vers
j	193 et 194	—	XVII,	»	1-14
k [1]	256 et 257	—	XXII,	»	1-12
l	263 et 264	—	XXII,	»	118-132
m [2]	274 et XVII	—	XXIII,	»	128-148
n	324 v°	—	XXIX,	»	22-39
o	361 et 362	—	XXXI,	»	130-145
p	375 v°	—	XXXIII,	»	79-90
q	380 et 381	—	XXXIV,	»	16-36
r	Environ 6 ou 7 feuillets à la fin du volume		XXXIV,	»	55-139

Il ne reste donc plus qu'environ 25 feuillets perdus et dont la découverte semble désormais bien peu probable. Malheureusement, à ces pertes il faut ajouter encore les mutilations de 34 [3] des feuillets du ms. 2017 et celle du fol. XII d'Imola. Cette dernière mutilation et vingt-trois de celles du ms. 2017 portent certainement sur des miniatures que

[1] L'absence de miniatures pour le chant XX et le début du chant XXI doit provenir de la disparition d'un feuillet du commentaire relatif à ces chants entre les fol. 231 et 245.
[2] Une lacune qui me paraît certaine dans la série des miniatures me fait supposer encore l'absence d'un feuillet du commentaire entre les fol. 277 et 284 du ms. de Paris.
[3] Ces mutilations se trouvent aux feuillets : 3-5, 19, 38, 41, 61, 75, 97, 144, 163, 176, 185, 205, 206, 209, 214, 219, 220, 231, 267, 284, 287, 290, 324, 332, 349, 351, 356, 365, 368, 372, 375, 381.

l'on a découpées par suite de je ne sais quelle aberration malfaisante. En tenant compte d'une part des indications fournies par ces découpures et par les lacunes du manuscrit et d'autre part des vers de Dante dont nous ne trouvons pas la représentation dans les peintures subsistantes, on peut arriver à dresser la liste suivante des miniatures disparues :

Place supposée dans le ms. Fol. [1]	Classement dans la série ci-dessous		Sujet ???		
	En tête de la série	Entre les planches			
3 r°	V et	VI	Enfer,	Chant II,	vers 1-142
» c	VI et	VII	—	» III,	» 22-64
» d	VII et	VIII	—	» III,	» 118-139 et IV, 1-6
» 38 r°	VIII et	IX	—	» IV,	» 28-105
» 41 v°	VIII et	IX	—	» IV,	» 106-151
» e	IX et	X	—	» V,	» 16-24
» 61 v°	XIII et	XIV	—	» VI,	» 38-114
» 75	XV et	XVI	—	» VII,	» 100-130
» 97	XV et	XVI	—	» VIII,	» 1-64
» f	XVIII et	XIX	—	» IX,	» 1-54
» g	XXVII et	XXVIII	—	» XII,	» 97-111
» XII d'Imola	XXVII et	XXVIII	—	» XII,	» 112-123
» 144 v°					

[1] Les fol. désignés par des chiffres arabes sont les 22 fol. du ms. de Paris où l'on constate avec certitude qu'il a jadis existé des miniatures, plus le fol. 365 dont la miniature a été déchirée presque complètement. (Cf. p. 30, note.)

Place supposée dans le ms.	Classement dans la série ci-dessous		Sujet		
	Entre les planches		Enfer,	Chant	vers
» i					
» 163 v°	XXVIII et	XXIX	—	XIII,	1-114
» 176	XXX et	XXXI	—	XIV,	1-72
» 185 v°	XXXI et	XXXII	—	XV,	1-45
» j	XXXI et	XXXII	—	XV,	46-124
» le même feuillet	XXXIII et	XXXIV	—	XVI,	114-136
» 205	»	»	—	XVII,	1-42
» 209 v°	XXXVI et	XXXVII	—	XVIII,	1-18
» 231 v°	XXXVII et	XXXVIII	—	XVIII,	67-99
» ?? [1]	XLI et	XLII	—	XX,	1-130
» k	»	»	—	XXI,	1-36
» l	XLV et	XLVI	—	XXII,	16-33
» 267	XLVI et	XLVII	—	XXII,	61-151
» m	XLVIII et	XLIX	—	XXIII,	58-108
» ?? [2]	XLIX et	L	—	XXIII,	127-148
» 287	LIII et	LIV	—	XXIV,	100-151
» 290	LV et	LVI	—	XXV,	34-60
» 324	LV et	LVI	—	XXV,	61-78
» 349	LXIII et	LXIV	—	XXIX,	1-51
» 351 v°	LXVI et	LXVII	—	XXX,	100-129
»	LXVI et	LXVII	—	XXX,	130-148

[1] Cf. p. 33, note 1.
[2] Cf. p. 33, note 2.

Place supposée dans le ms.	Classement dans la série ci-dessous		Sujet	
» 356 v°	Entre les planches LXVI et	LXVII	Enfer, Chant XXXI, vers	1-82
» 365	—	LXVIII et LXIX	» XXXI, »	133-145
» 368 v°	LXVIII et —	LXIX	» XXXII, »	1-124
» 375 v°	LXX et —	LXXI	» XXXIII, »	76-157

Si à cette liste on ajoute deux ou trois miniatures pour les feuillets disparus de la fin du manuscrit, nous arrivons à un total de 39 ou 40 miniatures perdues. Ce chiffre peut même hardiment être porté à 43 ou 44, à raison des omissions qui ont pu nous échapper et du fait que certains feuillets égarés devaient, à l'exemple du fol. V d'Imola, être ornés de peintures au r° et au v°.

L'illustration complète devait donc comprendre originairement près de 115 [1] miniatures soit en moyenne sept pour deux chants ou une pour quarante et un vers. Ces simples chiffres nous font pressentir le rapport étroit, littéral, qui existe entre l'illustration et le poème illustré. Il est temps d'en faire l'examen attentif et d'admirer l'étonnante souplesse avec laquelle le peintre est entré dans l'idée et dans les imaginations du poète.

---

[1] 58 dans le volume de Paris, 13 à Imola et 44 perdues.

II

Description des miniatures : *caractères généraux de la série, examen de chacune des peintures qui la composent.*

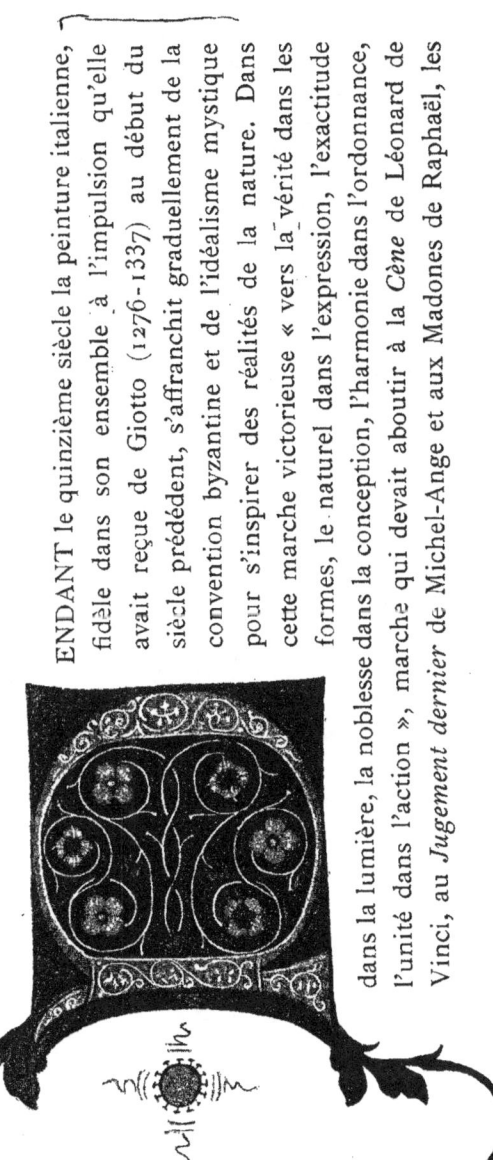

PENDANT le quinzième siècle la peinture italienne, fidèle dans son ensemble à l'impulsion qu'elle avait reçue de Giotto (1276-1337) au début du siècle précédent, s'affranchit graduellement de la convention byzantine et de l'idéalisme mystique pour s'inspirer des réalités de la nature. Dans cette marche victorieuse « vers la vérité dans les formes, le naturel dans l'expression, l'exactitude dans la lumière, la noblesse dans la conception, l'harmonie dans l'ordonnance, l'unité dans l'action », marche qui devait aboutir à la *Cène* de Léonard de Vinci, au *Jugement dernier* de Michel-Ange et aux Madones de Raphaël, les diverses écoles locales avancent d'un pas inégal. Tandis que le naturalisme instaure son règne à Florence avec Masaccio, Masolino, Filippo Lippi et que de Florence il rayonne en Toscane et jusqu'à Venise, l'esprit archaïque offre ailleurs plus de résistance ; Sienne, Verceil, l'Ombrie, la Lombardie, le Piémont ne s'acheminent qu'avec timidité vers l'art nouveau. Le réalisme, dans sa meilleure acception, finit pourtant par s'imposer même aux plus consciencieux observateurs des ordonnances symétriques des vieilles écoles et ce fut précisément dans la haute Italie que, vers le milieu du quinzième siècle et sous l'influence des Flamands, on poussa le plus loin la passion du contour rigoureux et des raccourcis savants, des colorations éclatantes et des harmonies séduisantes de lumière. Ce fut à cette époque que Vincenzo Foppa († 1462) fonda la première école milanaise dont les disciples, tout en restant fidèles aux traditions vieillissantes, surent unir l'amour de la nature à celui de l'antique [1].

Si nous nous souvenons que la plupart des peintres célèbres d'alors étaient tout à la fois miniaturistes, ou l'avaient été à leurs débuts, nous ne nous étonnerons pas de rencontrer sur le velin des livres enluminés du XVe siècle toutes les tendances que l'on remarque dans les peintures plus vastes des mêmes artistes ou de leurs disciples.

Les miniatures du ms. 2017 de Paris en particulier, laissent aisément distinguer

---

[1] Cf. G. Lafenestre, *La peinture italienne depuis les origines jusqu'à la fin du XVe siècle*, passim.

à côté d'archaïsmes presque byzantins, l'influence du souffle irrésistible de réalisme qui courait alors sur l'Italie entière.

Quand M. Bordier nous décrit, à propos des manuscrits grecs de la Bibliothèque nationale, les caractères des illustrations byzantines qui s'y trouvent, on croirait lire la description de certaines de nos miniatures : « Les arbres sont des plaques vertes, festonnées sur leurs bords et relevées de blanc jaunâtre..... les branchages sont des filaments noirs, les buissons de petits bouquets posés à côté l'un de l'autre..... les rochers sont fantastiquement amoncelés..... la grêle est figurée par de grosses boules blanches arrangées symétriquement en quinconce..... les bâtiments sont tracés avec l'ignorance la plus absolue des règles de la perspective [1]. » Les premières miniatures de notre série ne nous montrent-elles pas tout cela ? La « selva silvaggia ed aspra e forte » de Dante s'y trouve réduite à un assemblage de bouquets atteignant à peine la hauteur de la ceinture du poète ; le fond noir du tableau nous rappelle bien que la scène se passe dans la nuit, malgré cela le versant de la colline est parfaitement éclairé et Dante se trouve dans la forêt en pleine lumière. Que dire des arbustes isolés plantés sur les sommets des rochers, du dessin même de ces rochers et de la vallée qu'ils ferment ? et la cascade formée

---

[1] Bordier, *Description des peintures et autres ornements contenus dans les manuscrits grecs de la Bibliothèque nationale*, p. 13.

par le Phlégéton dans sa chute du septième au huitième cercle (Pl. XXXV)? Tout cela est d'un artiste qui n'a guère étudié la nature. Si jamais il lui arriva de perdre le boire, le manger et le dormir ce ne fut point par la recherche passionnée des lois de la perspective, comme ce Paolo Uccello de Florence, qui, vers la même époque (1397-1475), après une nuit de travail, répondait à sa ménagère impatientée par des veilles si prolongées : « Si tu savais, ma chère, quelle douce chose c'est que la perspective [1] ».

En revanche, les animaux sont mieux représentés ; le lion, la panthère et la louve du premier chant de l'Enfer ne laissent vraiment rien à désirer, et il en faut dire autant des mouches, des guêpes et des vers (Pl. VII) qui tourmentent les âmes lâches « déplaisantes à Dieu et à ses ennemis », ou encore des chiennes du treizième chant qui déchirent les suicidés (Pl. XXIX et XXX), et des serpents de la septième vallée du huitième cercle au vingt-cinquième chant (Pl. LIV-LVIII). Cet art bien que plus réaliste pourrait être encore byzantin, car les miniaturistes de cette école ont toujours mieux traité l'espèce animale que le paysage et la nature végétale [2], cependant l'exactitude des détails anatomiques, la véritable science dont le peintre fait preuve dans la représentation des poses les plus tourmentées, dénotent une étude approfondie

---

[1] Lafenestre, *Op. cit.*, p. 169. — Cf. *infra*, p. 115 la description de la planche LI.
[2] Lecoy de la Marche, *Les manuscrits et la miniature*, p. 290.

du sujet lui-même. L'effort enragé des chiennes de la Pl. XXIX n'a pu être si dramatiquement rendu qu'après de longues et intelligentes observations de la réalité vivante.

Le même réalisme se retrouve dans les personnages mis en scène. Virgile est représenté sous les traits d'un vieillard plein de noblesse et de dignité ; il porte un vêtement qui n'est guère que le costume florentin du XIVᵉ siècle, et dont les diverses pièces sont de couleurs bien assorties ; son manteau, qui recouvre une tunique verte, est rouge à revers et col d'hermine, ses chaussures sont également rouges. Dante, à l'inverse de Virgile, est imberbe, il est vêtu d'une grande robe bleu-clair et coiffé d'un bonnet rouge, il porte des souliers de même couleur.

Les draperies sont ordinairement traitées avec art et simplicité, et l'on sent bien que sous leurs plis il y a autre chose qu'un mannequin. Quant aux attitudes et aux gestes des deux voyageurs, ils répondent en général à merveille à leurs situations respectives. Dante, étranger dans ces régions, laisse voir, à chaque instant et par tout son être, l'étonnement ou l'effroi que lui cause la vue des tourments infernaux, il fléchit sur ses jambes et se penche en avant comme un homme attentif à voir des choses inouïes ; Virgile, lui, connaît tout cela de longue date [1], il ne s'étonne nullement, il se meut avec aisance et majesté.

---

[1] Virgile est censé avoir visité une première fois tout l'enfer en allant chercher au neuvième cercle une âme évoquée par la magicienne Ericto. Cf. *Enfer*, ch. IX, vv. 22-27.

Il y aurait sans doute quelques inexpériences à relever dans la représentation de certaines poses, dans le dessin de certains raccourcis (Cf. Pl. XXXI, XLIII et XLVIII), mais le fait seul de n'avoir pas reculé devant ces difficultés atteste les préoccupations artistiques du peintre. Les nus pourraient donner sujet à de semblables réflexions, malheureusement il est souvent difficile d'en apprécier les détails qu'une main stupidement prude a détruits par des grattages barbares. Dans l'ensemble cependant les formes humaines sont représentées avec une vérité, une exactitude dans les proportions et les contours, une variété dans les expressions, avec une délicatesse et un fini d'autant plus surprenants que les dimensions des tableaux sont plus restreintes. Que l'on examine, à la planche X, les damnés « emportés et battus par la bourrasque infernale qui jamais ne s'arrête », ils sont là quatorze dans toutes les attitudes de la douleur, formant une accumulation de corps humains que l'on croirait impossible sur un si petit espace et pourtant sans confusion aucune. Quoi de plus tragique et de plus vivant que ce pauvre Giampolo de Navarre (Pl. XLVI) à qui le démon Rubicante écorche le dos ? Peut-on imaginer une mêlée plus terrible que celle des démons qui entourent ce malheureux ? Leur cortège est-il assez tumultueux, assez endiablé à la planche précédente ? et que manque-t-il à l'expression de tous ces monstres pour en faire les grotesques bourreaux, pleins d'astuce et de méchanceté, qu'étaient les démons de l'enfer dans l'imagination populaire italienne du moyen âge ? N'y a-t-il pas là tout le réalisme que comportait le sujet à représenter ?

Mais le caractère général qu'il importe le plus de signaler, c'est le « dantesque » parfait qui distingue cette illustration d'un bout à l'autre. Toute sa science très grande des procédés artistiques, notre miniaturiste l'a mise vraiment au service de son intelligence parfaite de Dante et non pas à celui de son imagination personnelle. Ayant à *illustrer* les vers de Dante, le récit d'un voyage aux enfers, il veut nous aider à refaire ce même voyage, il veut *éclairer* notre marche à la suite du poète. Pour cela il a étudié minutieusement la géographie spéciale du poème, il ne croit pas inférieur à sa dignité d'artiste de consacrer un tableau (Pl. XXXVI) au plan des dix fosses du huitième cercle et des ponts jetés au-dessus de ces fosses ; il n'a garde d'oublier que le sixième de ces ponts est brisé (*Enfer*, ch. XXIV, v. 19). Avec quelle attention n'a-t-il pas dû méditer les vers de Dante (ch. XVII, vv. 10-27) pour arriver à la représentation de Géryon que M. Auvray appelle, avec raison, « la plus conforme à la description du poète de celles qui ont été tentées dans les nombreuses illustrations de l'*Enfer* ». Plus loin il pouvait trouver le motif alléchant d'un chef-d'œuvre dans le récit que fait Ugolino (ch. XXXIII, vv. 1-75) de sa mort et de celle de ses fils, sous les verrous de la Tour de la faim ; c'était la « scène à faire », ni Doré, ni Flaxman ne l'ont omise, Ademollo moins encore et tous les autres comme ceux-là. Mais Dante n'a pas vu cette effroyable scène dans son voyage, il l'a seulement entendu raconter au neuvième cercle de l'enfer, notre artiste ne se laissera donc pas entraîner hors de son dessein ; il se bornera à nous montrer les poètes engagés dans un dialogue avec Ugolino, sauf à nous faire lire sur les traits du malheureux père, dans l'attitude et l'expression de ses visiteurs, l'horreur sublime du récit par où débute le XXXIIIe chant.

Comme ces peintres siennois qui écrivaient en tête de leurs statuts [1] : « Nous sommes ceux qui manifestent aux hommes grossiers et illettrés les choses miraculeuses faites par la vertu et en vertu de la sainte foi », et qui rêvaient d'apprendre au peuple par les images sorties de leur pinceau les vérités de la foi, les légendes des saints, les enseignements de l'histoire, de la philosophie et de la science, notre miniaturiste, avec un égal enthousiasme, veut apprendre à tous le contenu du chef-d'œuvre poétique de l'Italie. Mettons-nous donc à son école et, le texte de l'*Enfer* à la main, suivons, autant que nous le permettront les lacunes signalées plus haut, les vers du poète dans la traduction du peintre.

Chant I. — Par un heureux hasard l'illustration du premier chant nous est parvenue dans son intégrité [2]; tout au plus la miniature disparue du fol. 3 r°, si elle n'était pas consacrée

---

[1] Gaye, *Carteggio inedito d'artisti italiani dei secoli XIV, XV, XVI*. Firenze, 1839. T. II, p. 1.
[2] Nous indiquerons pour chaque chant la place occupée dans le ms. 2017, ou dans les feuillets d'Imola, par les miniatures reproduites dans les planches de cet album. — Pl. I, fol. 6; — Pl. II, *Im.* fol. I v°; — Pl. III, fol. 10; — Pl. IV, fol. 10 v°; — Pl. V, *Im.* fol. II, v°.

à un sujet général, pouvait-elle représenter Dante entrant dans la forêt obscure et s'y laissant gagner par le sommeil (v. 11). Ce détail excepté tous les faits décrits dans le premier chant du poème se retrouvent dans nos cinq premières miniatures. Nous y voyons (Pl. I, vv. 1-12) Dante « au milieu du chemin de notre vie [1] », c'est à dire sous les traits d'un homme d'âge mûr. Il est près de sortir d'une forêt, ce qui signifie qu'après s'y être égaré hors de « la droite voie », enfin « il se retrouve ». Les angoisses qu'il y éprouva et dont « la seule pensée renouvelle sa peur », ces angoisses « si amères que de peu l'est plus la mort », sont marquées par l'expression de la figure et par toute l'attitude du poète ; le corps penché en avant il a hâte de sortir de cette forêt sauvage, les bras élevés et les mains écartées il tremble encore et d'effroi il serre les épaules en laissant derrière lui ce lieu maudit. Dans le fond de la vallée formée par les collines qui environnent la forêt, un fleuve coule dont les ondes azurées se blanchissent çà et là d'écume. L'obscurité de l'heure matinale où Dante fait débuter son voyage est indiquée par un ciel peint en noir. Autour de la miniature court un large trait noir, au

[1] Les citations seront habituellement faites d'après une traduction encore inédite du R. P. Berthier ; quelquefois cependant elles seront empruntées à celle de Lamennais. Ces deux traductions nous ont semblé éviter, dans la mesure du possible, la double infidélité que l'on peut reprocher à toutes les traductions en vers ou en prose ordinaire, les premières sacrifiant trop souvent le sens exact et la concision nerveuse du texte italien aux exigences du mètre et de la rime, les secondes ne laissant rien entrevoir du rythme de l'original.

milieu duquel on voit un filet d'or. Au dessous de ce trait, mais dans le haut du tableau seulement, on en remarque un second, rouge celui-là et coupé d'un filet blanc. Ce double encadrement reparaît toujours dans nos miniatures, mais tandis que le premier est uniformément noir et or dans toute la série, le second varie suivant que l'exige l'harmonie avec les couleurs qui forment le fonds de chacun de nos petits tableaux.

A la seconde miniature (Pl. II, vv. 13-27) ce cadre intérieur est rouge encore, l'obscurité du ciel restant la même. Cependant le soleil, un soleil d'or, apparaît déjà illuminant les sommets de ses rayons (v. 16) et refoulant les ténèbres; autour de lui le ciel est bleu. La lumière se répand de proche en proche, les petits arbres plantés sur les hauteurs avoisinantes sont d'une verdure claire et fraîche. Dans la vallée la forêt reste obscure, mais Dante en est sorti, il s'est avancé vers la colline « là où se terminait cette vallée ». Levant les yeux il aperçoit « la planète qui conduit tout le reste en tout sentier » et cette vue le rassérène un peu, bien que « son âme, qui toujours fuyait », soit encore « tournée en arrière, pour revoir le passage qui ne laisse jamais personne vivant. »

Bientôt après (Pl. III, vv. 28-48) ayant un peu « reposé son corps lassé, — il reprend le chemin par la plage déserte, — de sorte que le pied ferme toujours est le plus bas ».

La miniature qui nous montre le poète commençant cette ascension est dans un parfait état de conservation [1]. Vraiment peut-on dire, empruntant l'expression de Th. Corneille, que le ciel en est peint d'azur et les *collines* vêtues de soleil. Les étoiles, représentées par de petites croix blanches, rompent la monotonie du fond bleu. C'est un enchantement pour l'œil, comparable à celui d'un lever de soleil en été, que l'éclat et l'harmonie des couleurs employées ici. La grâce de ce décor rivalise de simplicité et de fraîcheur avec les vers du poète :

> C'était le temps qui suit le premier matin,
> et le soleil montait vers le sommet avec ces étoiles
> qui étaient avec lui, quand l'Amour divin
> mut la première fois ces choses belles...

Ce tableau sous les yeux, on comprend que, dans la gaîté de ce réveil de la nature, Dante ne s'effraie pas si vite et continue à « bien espérer » malgré l'arrivée « d'une panthère légère et très agile, qui de pelage maculé était couverte », et qui se place en travers du chemin. Cependant la peur reprend ses droits quand survient un lion :

> Celui-ci paraissait contre moi venir
> avec la tête haute et la rage de la faim,
> tellement qu'il semblait que l'air en eut peur.

---

[1] M. Auvray en a donné une reproduction en héliogravure en tête de son volume sur *Les manuscrits de Dante*, etc.

A ses bras retirés en haut, à ses doigts contractés, à toute son attitude enfin, on sent bien que cette fois le malheureux voyageur va reculer.

Il s'y résoud en effet, « perdant espoir d'atteindre la hauteur », quand « une louve, qui de tous les appétits semblait chargée dans sa maigreur », fait irruption (Pl. IV, vv. 49-60).

Et tel est celui qui volontiers acquiert,
et quand arrive le temps qui le fait perdre,
en toutes ses pensées pleure et s'attriste,

tel me fit la bête sans la paix,
et, me venant à l'encontre, peu à peu
me repoussait là où le soleil se tait.

Cet effroi et ce découragement sont peints dans les yeux de Dante ; tout en fuyant, il se retourne pour voir s'il perd ou gagne du terrain sur ses ennemis. Mais aussi quels ennemis ! quelle sombre férocité et quelle traîtrise dans cette panthère à la tête abaissée et au regard faux, quelle menace dans ce lion à la crinière hérissée, qui déjà lève une patte pour griffer et montre sa langue rouge entre deux rangées de dents terribles ! et quelle rage bestiale dans cette louve décharnée dont tous les muscles sont tendus vers la proie à saisir !

Heureusement voici qu'un sauveur se montre (Pl. V, vv. 61-135).

Tandis que je retombais vers le bas fond,
devant mes yeux s'offrit quelqu'un
qui par un long silence paraissait fatigué.

Dante se tourne vers l'apparition appelant au secours. Virgile se fait alors connaître à lui et lui explique qu'il convient de suivre un autre chemin. Il s'offre à le guider à travers le « lieu éternel » où l'on voit « les antiques esprits dolents », où l'on entend « les désespérés grincements ». Il le conduira même parmi « ceux qui sont contents — dans le feu, parce qu'ils espèrent venir — quand que ce soit, parmi la gent bienheureuse ». Et s'il faut monter à ce haut séjour, qu'il indique du doigt, une âme plus digne d'y entrer l'y introduira. Dante, le bras gauche toujours serré au corps par la peur des bêtes féroces qui l'ont fait reculer, tend vers Virgile sa main droite comme pour dire :

> Poète, je te requiers,
> par ce Dieu que tu n'a pas connu,
> afin que je fuie ce mal, et pire,
>
> de me mener là où tu dis,
> de sorte que je voie la porte de saint Pierre,
> et ceux que tu me fais si malheureux.

Pendant toute cette conversation le soleil a continué sa course et les étoiles ont disparu du ciel bleu.

Chant II et III [1]. — Après cette illustration du premier chant entièrement conservée

[1] Pl. VI, *Im.*, fol. III v°; — Pl. VII, fol. 33 v°.

et reconstituée par le présent album, nous voici en face d'une lacune portant sur la représentation complète du second chant. Nous ne retrouvons plus nos deux poètes que devant l'entrée de l'enfer (Pl. VI, ch. III, vv. 1-21).

C'en est fini des « belles choses que porte le ciel [1] », nous arrivons dans « l'air sans étoile ». Les collines disparaissent sur la gauche avec leur peu de verdure. Désormais nous ne verrons plus ce cadre aux événements qui vont se succéder que les parois des cercles du « profond enfer ». Ces murailles abruptes aux tons bruns ou jaunâtres, parfois teintées de gris et de violet, sont bien d'accord avec la pensée du poète ; leur monotone répétition contraste avec la variété des supplices qu'ils enceignent, ajoute à l'horreur de cet « air sans cesse ténébreux » et semblent répéter au-dessus de chaque scène le mot qu'on lit à la porte de l'enfer, « et moi éternellement je dure ». Toutefois ce procédé, s'il était merveilleusement dantesque ne permettait pas à l'artiste de donner aux pages qu'il devait enluminer la diversité de couleurs et le chatoiement étincelant que l'on aimait, de son temps, à trouver dans les manuscrits précieux. Il y suppléa en imaginant les dessins que nous allons voir désormais dans chacun de ses petits tableaux, sauf trois, au dessus de l'enceinte de rochers qui sert de cadre à l'action. C'est là qu'il put déposer à profusion l'or de son pinceau et toutes les vives couleurs, le bleu, le rouge, le vert ;

[1] *Enfer*, ch. XXXIV, v. 137.

il les associa les unes aux autres avec goût en et de petits dessins parfois géométriques. Ses préférences étaient pour l'or et pour le bleu ; à peine trouverait-on une dizaine de ces ornementations où l'or n'entre pas de quelque façon. Souvent c'est le fond lui-même qui est d'or avec des arabesques gravées à la pointe sèche, parfois au contraire l'or ne sert qu'à tracer des feuillages ou d'autres ornements sur un champ bleu, rouge, vert ou noir. Enfin, dans un grand nombre de cas, trois ou quatre couleurs se répartissent avec une symétrie minutieuse les petites divisions du fond, divisions régulièrement tracées et d'un style plutôt français qu'italien.

Ce dernier mode a été employé pour les deux miniatures subsistantes du troisième chant. Les carreaux bleus et or de la première (Pl. VI) sont du plus gracieux effet ; les intersections en sont marquées d'un point rouge ; à l'intérieur des carreaux bleus on distingue de petites croix croisetées blanches. A la seconde (Pl. VII) les carrés sont plus petits et le rouge y alterne avec l'or et le bleu ; quatre points blancs sont mis sur chacun des carreaux rouges et bleus et l'on voit encore les traces non douteuses de points semblables d'un or plus vif sur les carreaux dorés. Mais ces ornements accessoires ne doivent pas nous retenir plus longtemps, il faut avec Dante porter notre attention sur la porte que surmonte l'inscription au « dur sens » : *P. me si ua nela cita | dolente — P. me si ua nel etno | dolore — P. me si ua tra la p | duta gente.* Un peu plus bas, gravées autour de l'entrée même du séjour de

« la gent malheureuse — qui a perdu le bien de l'intelligence », on lit ces autres paroles d'infinie désespérance : *Lasciate ogni spanza uoi chētrate* [1].

A cette vue Dante saisit de la main gauche le bord du manteau de son guide et lui montre de la droite l'effrayant écriteau. Virgile pose sa main sur le bras levé de Dante pour l'attirer et « l'introduire dans les secrètes choses ». La majesté tranquille de son visage et de son maintien contraste avec la surprise mêlée d'effroi de son compagnon, qui semble entendre ces paroles : « Ici il convient de laisser toute suspicion, — il convient que toute lâcheté ici soit morte ».

A la planche VII (vv. 65-117) les deux poètes sont arrivées sur les bords de l'Achéron. Ils laissent derrière eux « les âmes tristes de ceux — qui vécurent sans infamie et sans louange ». La disparition d'un feuillet du manuscrit nous prive sans doute de la miniature représentant la longue traînée de ces âmes, venant « après l'enseigne qui en tournant courait avec vitesse », et parmi elles « l'ombre de celui — qui fit par lâcheté le grand refus ». Ces malheureux s'enfuient vers la gauche, nus, piqués par de grosses mouches noires et par des guêpes dessinés et

---

[1] Zacheroni a donné une reproduction gravée au trait de cette miniature. On ne trouve guère plus de fidélité à l'original dans cette gravure qu'il n'y en a dans le texte du commentaire de Bargigi publié par le même personnage. La figure de Dante y est fort différente de celle que le miniaturiste lui a donnée dans toute la série de ses peintures, l'orthographe de l'inscription y est changée (*citta* pour *città*), l'ornementation supérieure à carreaux a été supprimée.

peintes avec une admirable fidélité. Leur sang ruisselle à terre où des vers immondes le recueillent.

A droite le spectacle est tout différent. Sur les eaux verdâtres du fleuve infernal, Caron paraît dans sa barque noire. C'est un vieillard hideux, à barbe laineuse, aux « yeux de braise », aux oreilles de bête. Il est armé d'une rame peinte en jaune dont il frappe les âmes trop lentes à s'embarquer. Celles-ci sont groupées sur le rivage et se désespèrent. Les grattages que nous avons déjà signalés empêchent de bien apprécier les détails de cette scène dramatique qui paraît impressionner vivement Dante. Caron a d'ailleurs les yeux fixés sur lui, sans pour cela interrompre sa besogne, et ce désaccord entre le regard et l'occupation du célèbre nocher traduit bien le cri qu'il profère :

« ... Malheur à vous, âmes perverses,
n'espérez plus jamais voir le ciel !
je viens pour vous mener à l'autre rive,
dans les ténèbres éternelles, dans le chaud et le froid.

Et toi qui es ici, âme vivante,
pars loin de ceux qui sont morts ! »
. . . .

Pendant que les âmes emplissent la barque « une à une — au signal, comme l'oiseau à son appel », Virgile, qui a pacifié Caron, parle à Dante :

« Mon fils,
ceux qui meurent dans la colère de Dieu
tous s'assemblent ici de chaque pays,
et ils sont pressés de traverser la rivière,
parce que la divine justice les éperonne
au point que la crainte se change en désir. »

Une nouvelle lacune, portant certainement sur une miniature (fol. 38 r°), a fait disparaître la suite de l'illustration de ce chant. On devait y voir Dante, effrayé par un éclair de lumière rouge, tomber sans connaissance « comme l'homme qui de sommeil est pris ».

Chant IV [1]. — A la planche VIII (vv. 7-27) Dante est sorti de son sommeil, il se retrouve de l'autre côté de l'Achéron, « sur le bord — de la vallée douloureuse de l'abîme — qui recueille le tonnerre d'infinis gémissements ». Virgile qui vient d'en franchir l'entrée se retourne à demi, ramenant à lui de la main gauche les plis de son large manteau, à la manière d'un homme qui descend par de mauvais sentiers, de la droite il invite Dante à le suivre :

« Maintenant, descendons là-bas, dans le monde aveugle,
commença le poète, avec l'aspect d'un mort,
moi je serai le premier et tu seras le second. »

Son attitude est prise sur le vif, mais ses yeux et le pli de sa joue disent l'effroi, Dante s'en aperçoit et cette vue l'arrête dans la descente malaisée pour laquelle ses jambes fléchissent et son corps se replie cherchant l'équilibre. Ecartant les bras il laisse tomber la main droite et lève la gauche dans un geste qui s'accorde soit avec la frayeur peinte sur son visage, soit

[1] Pl. VIII, fol. 39.

avec ses paroles : « Comment viendrai-je si toi tu t'épouvantes, — qui as coutume de réconforter mes doutes » ? Virgile, qui n'est ému que de pitié pour les gémissements dont « frémit l'air éternel », l'encourage à entrer à sa suite « dans le premier cercle qui ceint l'abîme », lui disant : « Allons ! car le long voyage nous presse ».

Dans le haut de la miniature l'or alterne avec le rouge, le bleu et le vert, dans un quinconce bordé d'un trait rouge à filet blanc.

Les deux miniatures suivantes (fol. 41 v° et lacune e) sont perdues et c'est au second cercle seulement que nous allons revoir les poètes.

Chant V[1]. — L'illustration de ce chant, célèbre entre tous les autres, a eu un plus heureux sort que celle du précédent. Des cinq tableaux qu'il avait inspirés quatre subsistent encore dans le manuscrit, seul celui du fol. 61 v° a disparu, qui devait être consacré aux vers 16-24, c'est à dire au dialogue de Virgile et de Minos. A leur arrivée au second cercle, les voyageurs trouvent en effet ce juge sévère assis sur un tertre, examinant les fautes des damnés et leur assignant le lieu de leur supplice (Pl. IX, vv. 1-15). Il est représenté sous la forme d'un démon nu, décharné, tout jaune, hormis les yeux et les lèvres qui sont rouges. De grandes

[1] Pl. IX, fol. 59 ; — Pl. X, fol. 63 v° ; — Pl. XI, fol. 67 ; — Pl. XII, fol. 71 v°.

oreilles velues sont dressées sur sa tête, sortant du milieu d'une épaisse chevelure ; sa figure hideuse est encadrée par une barbe blanche et inculte. Ses jambes sont posées avec aisance sur le sol inégal. Le mouvement des bras et la fixité du regard dénotent l'attention qu'il porte à « l'exercice de sa haute fonction » d'examinateur des péchés. Devant lui se presse une foule nombreuse de réprouvés attendant la détermination de leur châtiment. Quelques uns d'entre eux pleurent en se cachant le visage dans les mains, un autre se dévore les doigts de douleur, tous se tordent de désespoir. Rien de plus poignant que l'aspect de ces malheureux [1] qui ont « laissé toute espérance » en entrant ici, rien de plus dramatique que l'impassibilité de leur juge. Combien prompt doit être ce jugement ! toutes ces ombres sont prêtes à partir pour le cercle infernal qu'il désignera, déjà elles sont en marche. Et Minos

> Voit quel lieu de l'enfer est pour elles,
> il se ceint avec sa queue autant de fois
> que de degrés il veut que bas elles soient mises.

Sa longue queue, ramenée sous lui, passe sur sa cuisse droite et fait en ce moment quatre fois le tour de son corps. Virgile montre et explique toute cette scène à Dante dont l'étonnement va croissant. Dans la partie supérieure du tableau, pour n'en pas atténuer le

---

[1] Leur groupe a été gratté et recouvert d'une couche de noir que l'on a pu enlever en partie.

sombre cachet, le fond de l'ornementation est noir relevé par des carrés à double trait d'or, obliquement disposés, renfermant chacun un petit ornement également or. Un trait rouge traversé par un filet blanc sert d'encadrement.

Après les explications nécessaires entre Minos et Virgile, ce dernier poursuit sa route avec Dante (Pl. X, vv. 25-72).

Alors commencent les douloureuses notes
à se faire entendre, alors j'arrivai
où un grand pleur me frappa.
Je vins en un lieu muet de toute lumière,
qui mugit comme fait la mer par la tempête,
si de vents contraires elle est combattue.

La bourrasque infernale, qui jamais ne s'arrête,
mène les esprits dans son tourbillon,
les tournant, les frappant elle les moleste.
Quand ils arrivent devant la rampe,
là les cris, les pleurs et les lamentations,
là les blasphèmes contre la vertu divine.

C'est le lieu du tourment des pécheurs charnels que « nulle espérance ne conforte jamais — ni de repos, ni même de moindre peine ». Ils arrivent devant les poètes « en bande large et pleine..... faisant dans l'air, d'eux-mêmes une longue file ». Il n'y en a pas moins de quatorze représentés sur la miniature, les derniers n'aparaissent pas en entier, cachés qu'ils sont en partie par l'encadrement, grâce à un artifice qui laisse à l'esprit l'impression d'une foule indéfiniment nombreuse. Un nuage noir environne et porte ces malheureux, tous ont des poses différentes et des figures désolées. Dante les voyant s'approcher lève vers eux la tête et avec compassion demande « qui sont ces gens que l'air noir ainsi châtie » ? Virgile, le bras droit affectueusement passé autour des épaules de son disciple, lui montre de la main gauche les âmes qu'il nomme au passage, Sémiramis, Didon, Cléopâtre, Hélène, toutes quatre reconnaissables à leurs couronnes d'or, « et plus de mille — ombres il nomma et montra au doigt, — que l'amour à notre vie arracha ». Dante ajoute au récit de cette scène : « La pitié me vainquit et je fus comme éperdu ». Le peintre a rendu ce sentiment sur le visage du poète ; Virgile lui-même semble douloureusement ému. Dans le haut du tableau un fond d'or, sur lequel on aperçoit encore les traces d'arabesques gravées à la pointe sèche, s'harmonise avec la teinte verte donnée à la face supérieure du rocher.

A la planche suivante (Pl. XI, vv. 73-138), sous un décor pareil à celui que nous venons de décrire, on voit le premier groupe d'âmes charnelles disparaître vers la gauche, emporté par la bourrasque dans l'air noir, mais deux autres damnés « qui vont ensemble » arrivent à la suite, et « paraissent au vent si légers ». Ce sont les deux amants immortalisés par Dante, Francesca di Rimini et Paolo Malatesta. Virgile, par son geste, semble dire à son compagnon qu'il est temps maintenant d'adresser la parole à ces âmes, selon le désir qu'il en a exprimé. Dante sans attendre élève la voix : « O âmes affligées, — venez nous parler si nul autre ne le nie ». Et l'on voit à son attitude que c'est tout son cœur et toute son âme qui montent avec ses paroles vers les malheureux dont il oublie le crime, « se souvenant d'avoir aimé [1] ». Francesca, le bras gauche passé autour de la taille de Paolo, qui l'enserre pareillement du bras droit, raconte comment « l'amour les conduisit à une même mort ». Pendant qu'elle parle « celui qui jamais d'elle ne sera divisé » pleure et se tait. Dante n'y tient plus, « il défaille comme s'il allait mourir et tombe comme un corps mort tombe » (Pl. XII, vv. 139-142). A ce coup, l'expression des visages de Francesca et de Paolo change ; ils sont moins émus de leur propre malheur que saisis d'inquiétude à cause de l'accident survenu à un visiteur si affectueux et si indulgent à leur faute. Virgile regarde attristé son compagnon qui gît à terre à demi-mort.

Chant VI [2]. — La planche XIII (vv. 1-37) nous introduit au troisième cercle de l'Enfer, celui des gourmands.

Au retour de mon esprit qui se ferma
de pitié pour les deux cognats,
dont la tristesse m'avait entièrement confondu,

de nouveaux tourments et de nouveaux tourmentés
je me vois autour où que je me meuve,
que je me tourne et où que je regarde.

[1] Le mot est de Lamartine : « Il se souvient d'avoir aimé, il aime encore ». *Trois poètes italiens*, p. 40. Lemerre, 1893. — Lamartine fait preuve, dans son étude sur Dante, d'une incroyable inintelligence de la Divine Comédie. Il se réclame d'ailleurs de l'autorité de Voltaire pour n'y voir d'autre valeur que celle du style... *Si cæcus cæco ducatum præstat......*
[2] Pl. XIII, fol. 72.

Je suis au troisième cercle, celui de la pluie
éternelle, maudite, froide et pesante ;
sa règle et sa nature ne sont jamais nouvelles.

Grosse grêle, et eau noire, et neige
par l'air ténébreux se déversent ;
la terre pue qui les reçoit.

Sur le sol on voit les gourmands qui se vautrent, hurlant sous la pluie et se tournant sans cesse, « de l'un de leurs flancs faisant rempart à l'autre ». Il y en a de couchés sur le côté droit, d'autres sur le côté gauche, l'un d'eux, la tête à demi enfoncée dans la boue, présente ses reins à la pluie maudite, pendant que plusieurs, étendus sur le dos, la reçoivent sur la poitrine. Dante et Virgile « passent sur ces ombres qu'affaisse — la pesante pluie, et posent les pieds — sur leurs fantômes qui paraissent des corps ». Ils rencontrent bientôt Cerbère, qui de ses aboiements « étourdit — les âmes, au point qu'elles voudraient être sourdes », et qui, en même temps, « les griffe, les écorche, les écartèle ». On en voit une tout en sang sous ses pattes dans notre miniature. Dante y est représenté saisi d'effroi en face de cette bête à trois têtes, qui, l'ayant aperçu, « ouvrit ses bouches et montra ses dents ». Virgile vient à bout de cette colère en jetant à poignée de la terre dans « l'avide gosier » du monstre.

Ici pour la première fois on peut remarquer une divergence entre la description du poète et la représentation qu'en a faite le peintre. Dante décrit ainsi le gardien du troisième cercle :

Cerbère, bête cruelle et étrange,
avec trois gueules aboie comme un chien
sur la gent qui là est submergée ;

il a les yeux vermeils, la barbe sale et noirâtre,
et le ventre large et les mains onglées.

Un peu plus loin il l'appelle le grand ver, *il gran vermo*. Le Cerbère de Dante n'est donc pas le chien que la mythologie païenne avait placé à la porte des enfers. Il y a sans doute un souvenir de ce mythe dans les trois têtes du Cerbère dantesque, mais cette « *barbe sale* », ces « *mains onglées* », cette dénomination de *ver*, tout cela ne convient pas à un chien. Aussi bien Dante dit-il seulement que son Cerbère aboie *comme un chien*.

Le peintre s'est trop laissé entraîner par ses souvenirs mythologiques ; il ne nous a montré ni la « barbe sale et noire », ni le « ventre large », ni les « mains onglées », ni le « ver » ou le dragon que l'on pouvait attendre de sa fidélité ordinaire de traducteur. Son chien à trois têtes ne manque d'ailleurs pas de férocité dans l'aspect, avec ses yeux rouges et ses crocs menaçants.

L'ornementation supérieure de la miniature est à carreaux blancs et or, traversées d'un quadrillé blanc.

Une découpure du fol. 75 a fait disparaître la suite de l'illustration de ce chant.

Chant VII [1]. — Après les gourmands, les avares en compagnie des prodigues. Ils occupent le quatrième giron infernal à l'entrée duquel « Plutus, le grand ennemi [2] », monte

---

[1] Pl. XIV, fol. 82 ; — Pl. XV, fol. 84.
[2] *Enfer*, ch. VI, v. 115.

la garde. Ce démon, personnification de l'avarice, est représenté (Pl. XIV, vv. 1-15) avec un corps humain, des pieds d'oiseau de proie, une queue de cheval, des ailes noires et crochues. Sa figure est horrible à voir, contractée comme elle est par un rictus affreux qui découvre jusqu'aux gencives ses redoutables mâchoires. De larges oreilles et deux grandes cornes partant du front et recourbées en arrière par dessus la tête achèvent de donner à cette physionomie la hideur du vice châtié dans ce cercle.

À l'arrivée des deux visiteurs de l'enfer, Plutus cherche à leur interdire le passage, mais Virgile brise sa résistance en disant :

... « tais toi, maudit loup!
consume en toi ta rage !

Ce n'est pas sans raison que celui-ci descend l'abîme,
on le veut ainsi là-haut où Michel
fit la vengeance de l'orgueilleux adultère ».

La sécurité qu'inspire à Virgile cette volonté supérieure et l'autorité qu'elle lui donne contre tous ceux qui voudraient entraver ce voyage ont été aussi magnifiquement et aussi simplement indiquées par le peintre que par le poète. L'expression calme, l'attitude noble, le geste aisé et impératif de Virgile dans la miniature ne sont pas moins clairs à ce sujet que les vers du poème. Il en est de même de l'écroulement de Plutus à l'ouïe de ces paroles ; il va tomber à la renverse et cherche seulement à amortir sa chute en ramenant sous lui le pied droit et en s'accrochant de la main gauche aux parois avoisinantes.

Telles les voiles gonflées par le vent
tombent chiffonnées quand le mât se brise,
telle tomba à terre la bête cruelle.

Sa frayeur est si grande que des gouttes de sang s'échappent sous lui. Dante, assuré par son guide que Plutus « si puissant soit-il, — ne *lui* ôtera pas la descente de cette roche », regarde la scène avec surprise, mais sans crainte. Le dessin de sa main droite levée et ouverte vaut mieux que celui de la gauche qu'il ramène devant lui et laisse pendre maladroitement.

Le rocher d'enceinte atteint au milieu le cadre de la miniature, mais par côté, l'espace demeuré libre au dessus de ce rocher, est peint en bleu et orné d'arabesques or très gracieuses ; un trait rouge à filet blanc, double autour de ce champ d'azur, l'encadrement ordinaire noir et or [1].

N'ayant plus rien à redouter de Plutus, Virgile et Dante continuent leur route et arrivent au « sombre cercle » où les damnés mènent leur ronde. « Ils sont ici plus nombreux qu'ailleurs ; séparés en deux bandes, ils poussaient, en hurlant, des fardeaux » de toute la force de leurs poitrines. (Pl. XV, vv. 16-99).

[1] Cette miniature est un peu endommagée ; Plutus a subi des grattages et a été recouvert d'un barbouillage noir heureusement léger.

Ils se choquaient les uns contre les autres, puis aussitôt chacun se retournait revenant en arrière, [tu »? criant : « Pourquoi retiens-tu »? et « Pourquoi jettes-Ainsi ils tournaient dans le cercle obscur des deux côtés au point opposé, se criant toujours leur honteuse rime.

Puis chacun revenait, quand il était arrivé, par son demi cercle à l'autre rencontre. Et moi, qui avais le cœur percé, je dis : « Mon maître, dis-moi maintenant quelle race est celle-ci, et s'ils furent clercs ces tonsurés qui sont à notre gauche »?

La miniature représente cette mêlée au moment où les deux bandes se rencontrent, en criant : *perchè burli* ? et *perchè tieni* ? Chacun des damnés pousse à grand peine devant soi un bloc énorme de pierre, et, sous l'effort qu'ils font tous, le sol garde après leur passage l'empreinte de leurs pieds. Dans la partie supérieure du cercle, « à la gauche » des poètes, se trouvent les avares criant aux prodigues : pourquoi dissipes-tu ? *perchè burli* ? et ce cri sort de la bouche de « deux tonsurés ». Il est impossible dans l'état actuel de la miniature de distinguer les détails de cette scène, mais Dante, qui les voit, semble bien s'écrier : « Ah ! justice de Dieu, que de peines nouvelles et de tourments je vis ! et que grièvement notre coulpe est châtiée » ! Virgile, à demi tourné vers son compagnon, lui dit sans doute en ce moment :

« Maintenant tu peux, mon fils, voir la courte illusion des biens qui sont confiés à la fortune, pour lesquels l'humaine espèce se dispute, puisque tout l'or qui est sous la lune, ou qui jadis appartint à ces âmes fatiguées, ne pourrait en faire reposer une seule. »

Il parle d'un air désabusé et doit ajouter aux paroles précédentes toute sa belle explication de la Fortune.

Le champ supérieur de la miniature, entouré d'un trait vert coupé d'un filet blanc, est d'or avec des ornements de même couleur effacés par le temps. L'illustration du septième chant se termine ici par suite de la mutilation du fol. 97. La lacune *f* a fait également disparaître celle du début du chant suivant, de sorte que le cinquième cercle de l'enfer, celui des colères, est à peine rappelé dans la série actuelle de nos miniatures.

Chant VIII [1]. — La planche XVI (vv. 65-81) et les suivantes nous montrent cependant encore les poètes dans le cinquième cercle, mais déjà leur attention est tournée vers le sixième. Après avoir quitté le cercle des avares, ils sont en effet arrivés aux bords du « marais qui a nom Styx »; ils en ont fait en partie le tour (ch. VII, vv. 100-130) pour y voir plongés « les gens fangeux », c'est à dire « les âmes de ceux qu'a vaincu la colère ». Étant ensuite montés dans la barque de Phlégias (ch. VIII, vv. 1-30), ils traversent le Styx et voient au passage Filippo Argenti, riche Florentin, célèbre par ses colères insensées. Virgile refuse de lui parler et le repousse (vv. 31-64). Quelques instants plus tard d'autres damnés se ruent avec

---

[1] Pl. XVI, *Im.*, fol. V r°; — Pl. XVII, *Im.*, fol. V v°; — Pl. XVIII, fol. 102.

furie sur ce malheureux et ils se battent au milieu des roseaux du rivage. Cette dernière scène apparaît encore dans le lointain, sur le côté gauche de la Pl. XVI, mais déjà Virgile dirige l'attention de Dante vers d'autres objets.

Le bon maître me dit : « Maintenant, mon fils, approche la cité qui a nom Dité, avec ses coupables habitants, avec sa grande popula- [tion ».

Et moi : « Maître, déjà ses mosquées là certainement dans la vallée m'apparaissent rouges comme si du feu elles sortaient à l'instant ».

Assis à l'avant de la barque, Virgile montre de la main droite la ville qui approche et Dante en fait autant, mais son geste de surprise violente contraste avec celui très calme de son guide. A l'arrière Phlégias, vieillard nu, maigre, ébouriffé et barbu, rame des deux mains et conduit sur les flots bleus du Styx sa grosse barque jaune-foncé. Il regarde lui aussi vers Dité comme pour voir si les gardiens sont aux portes. Une sorte de presqu'île formée par un avancement de la paroi, sépare l'embarcation de l'entrée de la ville infernale. C'est bien de cette presqu'île que l'on pénètre au sixième giron, par un pont jeté sur le fossé d'enceinte alimenté par l'eau du Styx, mais elle est trop escarpée de ce côté et il faut en faire le tour. C'est une représentation fidèle des vers du poème :

Cependant nous arrivâmes au milieu des profondes fosses qui entourent cette terre désolée ; les murs me semblaient être de fer.

Ce ne fut point sans faire d'abord un grand circuit que nous parvînmes à l'endroit où le nocher fortement nous cria : « Sortez ! ici est l'entrée ».

Dans le haut de la miniature des carreaux alternativement bleus et or ajoutent à son éclat. Cette ornementation a été un peu rognée par le relieur à qui l'avocat Zacheroni confia le soin d'intercaler dans son livre les feuillets qu'il s'était procuré de la manière que nous savons. La miniature suivante (Pl. XVII, vv. 81-108), qui occupe le v° du même feuillet, a subi un traitement analogue, mais à sa partie inférieure.

Aussitôt après leur débarquement, tandis que Phlégias s'en retourne avec sa nacelle, Virgile et Dante voient apparaître en grand nombre sur la porte de Dité des démons jaunes et noires ; ils ont des cornes sur la tête, leurs figures sont grimaçantes, leurs yeux pleins de menaces, les uns ont des crocs en guise de dents, d'autres des défenses de sanglier aux côtés de la bouche, tous sont armés de piques, de grappins ou de fourches. Et ils se pressent sur le seuil, se bousculent pour mieux voir qui arrive. Dante tremble de tous ses membres et voudrait pouvoir rentrer sous terre, il se cache derrière Virgile, qui, tourné vers les démons, demande à leur parler. Ces derniers consentent à laisser approcher l'ombre de Virgile, mais point ce vivant qui l'accompagne. A la pensée de rester seul en de telles régions et dans un si grand danger, Dante prend le bras de Virgile et le supplie de ne point l'abandonner, de revenir plutôt en arrière. Mais Virgile, sans se détourner, rappelle en peu de mots à son disciple que nul ne peut empêcher leur voyage, il l'encourage à ne rien craindre et à l'attendre tranquillement ici.

Tout cela est si vivant dans la miniature, les teintes rouge-feu des murailles de Dité, les reflets roux et violacés de la paroi supérieure d'enceinte donnent un si puissant cachet d'horreur à la scène, qu'on ne sait si l'impression reçue à la lecture du poème n'est pas dépassée par celle que donne la vue de la peinture ; les détails qui contribuent à la produire ne sont, en tous cas, pas moins précis.

Je vis sur les portes plus de mille
des tombés du ciel, qui avec rage
disaient : « Qui est celui qui, avant sa mort,
va à travers le royaume de la race des morts » ?
Et mon sage maître fit signe
de vouloir leur parler secrètement.
Alors ils retinrent un peu leur grande colère
et dirent : « Viens toi seul et que celui-là s'en aille
qui si hardiment entra dans ce royaume ».

...... « O mon cher guide !...
Ne me laisse point, lui dis-je dans ma détresse,
et si aller plus avant nous est défendu,
revenons sur nos pas ensemble promptement ».
Et ce maître, qui là m'avait mené,
me dit : « Ne crains rien, car notre voyage
nul ne peut nous l'enlever puisque desi haut il fut donné,
Mais attends-moi ici... »

Demeuré seul (Pl. XVIII, vv. 109-120) Dante « reste en suspens » ; le corps fléchissant, les mains gauchement jointes et tombantes, l'air ahuri il ne sait s'il vaut mieux continuer un tel voyage ou bien y renoncer. Son anxiété augmente encore quand il aperçoit les démons qui « à l'envi courent se renfermer ».

Les portes furent fermées par nos adversaires
en face de mon seigneur qui en dehors resta,
et retourna vers moi à pas lents ;

il avait les yeux à terre et les cils rasés
de toute confiance, et il disait avec soupirs :
« Qui me refuse les séjours douloureux » ?.

La suite de cette scène, la conversation des deux poètes en attendant l'arrivée de l'ange secourable qui brisera la résistance des démons, l'apparition des Gorgones dans cet intervalle de temps, tout cela est perdu pour nous par suite de la lacune g.

Chant IX [1]. — Quand, à la planche XIX (vv. 66-84), nous revoyons les poètes, déjà l'ange apparaît et Virgile permet à Dante de rouvrir les yeux, qu'il lui avait bouchés avec les mains, pour le préserver de l'effet du regard de Méduse (v. 59). Dante lui-même retire ses mains et l'on aperçoit son œil gauche découvert. L'ange marche sur « l'onde troublée aussi fermement que sur un terrain solide » ; à son passage on entendait « le fracas d'un bruit plein d'épouvante — dont tremblaient les deux rives », et les âmes des colères, sous la figure d'enfants nus couverts de blessures, se jettent effrayées dans le Styx. L'envoyé céleste est vêtu d'une longue tunique verte à reflets d'or serrée à la taille, dont on aperçoit au bas la doublure rouge. Il porte un pallium blanc orné de croix noires. Ses ailes sont rouges avec des reflets d'or semblables

---

[1] Pl. XIX, fol. 111 v°; — Pl. XX, *Im.*, fol. VII ; — Pl. XXI, fol. 114.

à ceux de l'habit; sa chevelure est blonde et une flamme verte brille sur son front; un nimbe d'or environne sa tête. De la main droite il tient une baguette d'or, « de son visage il écarte cet air gras, — portant la gauche devant lui souvent ». Impossible de décrire la finesse extrême de la peinture et la richesse de tons obtenue par l'application de l'or sur les vêtements du personnage céleste. Il faut voir la miniature elle-même et l'on comprend alors l'enthousiasme avec lequel M. Ed. Fleury s'exprime sur ce procédé : « Ce travail des hachures d'or sur les vêtements de couleurs diverses produit des effets tout nouveau et complètement inattendus. Les tons se modifient jusqu'à lutter, pour l'éclat et la variété, avec les plumages opulents des oiseaux les plus favorisés de la nature, les paons, les faisans, les colibris. Les brocarts d'or, les plus splendides étoffes de Lyon ne chatoient pas plus ardemment [1] ».

Dans le haut du tableau un fond bleu, entouré d'un trait rouge à filet blanc, ajoute à la variété de couleurs déjà si grande par le fait des murailles rouges de Dité, du manteau rouge aussi de Virgile, de la robe bleue de Dante, des touffes vertes de roseaux, des eaux bleu-sale du Styx, enfin des rochers aux tons bruns rougeâtres.

La richesse de tons n'est pas moindre à la miniature suivante (Pl. XX, vv. 85-99); on y retrouve le même cadre à la scène et les mêmes personnages, avec les démons en plus. Ici

---

[1] Ed. Fleury, *Les manuscrits à miniatures de la Bibliothèque de Laon*, IIme partie, p. 94.

toutefois l'ornementation de la partie supérieure est à fond rouge orné d'arabesques d'or, mais ce rouge est plus clair que celui des murailles de Dité. L'encadrement est aussi changé en conséquence, il est formé d'un trait vert traversé d'un filet blanc.

L'ange s'est avancé, « il vint à la porte et avec une verge — il l'ouvrit et rien ne la retint [1] ». Pendant qu'il invective les démons ceux-ci s'enfuient vers l'intérieur, furieux et crachant des flammes.

« O bannis du ciel, race méprisée,
commença-t-il sur l'horrible seuil,
d'où cette outrecuidance en vous arrive-t-elle ?

Pourquoi regimbez-vous contre cette volonté
à qui nulle entreprise ne peut être brisée,
et qui plusieurs fois vous a accru la peine » ?

Spectateurs muets de cette scène, Virgile et Dante se tiennent par la main et ce dernier, fidèle à l'avis de son guide, « demeure tranquille et s'incline » avec respect, du côté de l'ange, qui, aussitôt sa mission accomplie, « s'en retourna par le chemin hideux » et disparut sans dire une parole.

Les poètes pénètrent alors, « sans aucune lutte », dans le sixième cercle de l'enfer (Pl. XXI, vv. 100-133 et ch. x, vv. 1-21). Les tombeaux ardents des incrédules apparaissent devant eux.

[1] M. R. Galli a orné quelques exemplaires de son Catalogue des manuscrits et incunables de la Bibliothèque d'Imola, de la photographie de cette miniature.

Parmi les tombeaux des flammes étaient éparses,
dont ils étaient si complètement embrasés
que le fer ne l'est davantage pour aucun art.

Tous les couvercles étaient levés,
et il en sortait de si dures lamentations [pliciés.
qu'elles étaient bien celles de malheureux et de sup-

Virgile, tenant toujours Dante par la main, lui explique quels sont les damnés de ces tombeaux et, tout en conversant, le fait avancer « entre les martyrs et les hauts créneaux », c'est à dire en longeant le pied de l'enceinte de Dité. Dans le haut de la miniature le bleu, l'or, le vert et le rouge sont répartis symétriquement sur de petits carreaux disposés en quinconce.

Chant X [1]. — L'illustration de ce chant, formée de trois miniatures, nous est demeurée tout entière et en bon état de conservation dans le manuscrit de la Bibliothèque nationale. Les deux premières de ces miniatures sont identiques en ce qui concerne la représentation du lieu où se passe l'action; de part et d'autre on voit les mêmes tombes ouvertes, environnées de flammes sortant de terre, et les mêmes couleurs, c'est à dire du rouge à profusion. Le champ supérieur seul est varié, il est noir la première fois, avec des branchages or finement dessinés et un encadrement vert à filet blanc, tandis qu'à la miniature suivante le fond est vert, orné d'un treillage or et entouré d'un trait rouge à filet blanc.

[1] Pl. XXII, fol. 119 v°; — Pl. XXIII, fol. 121; — Pl. XXIV, fol. 124 v°.

Tout à coup, tandis que Virgile et Dante devisaient entre eux, « une voix sortit de l'une des tombes », disant :

« O Toscan, qui à travers la cité de feu
vivant t'en vas, avec un parler si respectueux,
qu'il te plaise de rester en ce lieu.

Ton langage te fait manifestement
natif de cette noble patrie,
à laquelle peut-être je fus trop funeste ».

Celui qui parle ainsi est Farinata degli Uberti, qui s'est dressé et que l'on aperçoit « de la ceinture en haut » ; il lève le front « comme s'il avait l'enfer en grand mépris » (Pl. XXII, vv. 22-69).

Dante s'approche et commence une conversation avec Farinata quand, de la même tombe, surgit un autre damné. C'est l'ombre de Cavalcante dei Cavalcanti. « Elle regarda autour de moi, comme désireuse de voir si un autre était avec moi ». Ce malheureux père, connaissant l'intimité de Dante avec son fils Guido, s'étonne de ne pas les voir ensemble et questionne Dante à ce sujet. Montrant Virgile du doigt, Dante répond : « Ce n'est pas de moi-même que je viens, — celui qui attend là, ici me mène, — pour lequel peut-être votre Guido eut quelque dédain ».

Subitement il se dressa et cria : « Comment
as-tu dit ? il eut ? ne vit-il pas encore ?
ses yeux ne sont-ils plus frappés de la douce lumière » ?

Comme la réponse à cette question tardait un peu, Cavalcante « à la renverse retomba et plus ne parut en dehors » (Pl. XXIII, vv. 70-120). Dante continue alors son entretien avec Farinata, qui lui prédit son futur exil de Florence et lui explique comment les âmes dans l'enfer peuvent connaître quelque chose de l'avenir. Mais Virgile, lassé d'attendre, rappelle son compagnon et celui-ci « vers l'antique — poète tourne ses pas, repensant — à ces paroles qui lui paraissaient ennemies » (Pl. XXIV, vv. 121-141). Dans la miniature en effet son visage respire l'effroi et ses gestes sont ceux d'un homme préoccupé par de fâcheuses prévisions. Virgile le voyant ainsi ému, lui demande avec bonté : « Pourquoi es-tu si déconcerté » ? Il lui donne ses conseils et l'emmène plus loin.

> Ensuite il tourna à main gauche ses pas,
> nous laissâmes le mur et vînmes vers le milieu
> par un sentier qui aboutit à une vallée,
> dont jusque là-haut faisait déplaisir la puanteur.

Ce sentier apparaît bien sur la miniature, dont le centre a été reporté plus à l'intérieur de Dité, de sorte que l'on n'aperçoit plus à gauche le fossé plein d'eau, qui environne extérieurement les murailles de la ville infernale. Dans le haut l'ornementation est à fond d'or portant des détails également or,

Chant XI [1]. — L'illustration de ce chant se réduit à une seule miniature et c'en est assez d'ailleurs puisqu'il est consacré en entier à une conversation des deux poètes. Arrivés aux limites du sixième cercle et avant de descendre au septième, dont la puanteur monte jusqu'à eux, ils s'arrêtent un instant « derrière le couvercle — d'un grand tombeau, où *l'on voit* une inscription — qui disait : « Le pape Anastase je garde, — que Photin tira de la voie droite ». Sur la miniature en effet on lit au rebord du couvercle de ce tombeau : *Anastagio papa quarto*. Dante, incommodé par les vapeurs du cercle suivant, se bouche le nez de la main gauche, tandis que Virgile, appuyé sur le tombeau d'Anastase IV, explique toute la distribution de l'enfer. A droite, on aperçoit « l'extrémité d'un haut talus — que faisaient de grandes pierres brisées en cercle ». Dans la partie supérieure, le champ libre, au dessous d'un encadrement rouge, est divisé en losanges peints en bleu, vert, rouge et or. Chaque losange, à l'exception de ceux qui sont or, est en outre orné de points blancs disposés en croix [2].

Chant XII [3]. — L'entrée du septième cercle n'est point aisée ; à l'obstacle plusieurs fois déjà vaincu d'un gardien impuissant contre « les volontés d'en haut », s'ajoute ici celui de

---

[1] Pl. XXV, *Im.*, fol. IX.
[2] Cette miniature a été reproduite au trait dans l'édition de Zacheroni. Cf. *supra* p. 6, note 1.
[3] Pl. XXVI, fol. 134 v° ; — Pl. XXVII, *Im.*, fol. XI ; — Pl. XXVIII, fol. 147.

l'éboulement du pont d'accès. Virgile explique (vv. 34-45) que ces ruines datent du tremblement de terre qui accompagna la mort de Jésus-Christ et sa descente aux limbes. Elles sont très suffisamment représentées dans la miniature (Pl. XXVI, vv. 1-21), sans que le peintre ait cru devoir, à propos de ce pont écroulé, prendre trop à la lettre les images du poète. Celui-ci, usant de son droit de comparer aux grandes choses les plus humbles, se souvient, en ce passage, des éboulements de montagnes qui, de son temps, dévastèrent, près de Trente, la vallée de l'Adige (vv. 4-9).

Telle de ce ravin était la descente,
et sur la pointe abrupte du gouffre
l'infamie des Crétois était distendue,

laquelle fut conçue dans la fausse vache.
Et quand il nous vit, il se mordit lui-même
comme celui qui d'une colère intérieure est rongé.

Nous voyons en effet le Minotaure devant Virgile, sur le haut du talus ; son corps est tout jaune, l'arrière-train en est nerveusement tendu dans l'effort nécessaire à une telle montée. De rage il se mord la main gauche et gesticule du bras droit. Virgile lui explique qu'il n'a pas lieu de s'opposer à son passage et à celui de Dante, mais il est représenté dans une attitude trop pacifique en comparaison de ses paroles violentes : « Va-t-en, bête ! celui-ci ne vient pas — avec les enseignements de ta sœur ». Dante parfaitement rassuré sur l'impuissance du Minotaure tourne ailleurs son attention, il regarde d'un air étonné le fond de la vallée.

Un fin quadrillé à fond bleu et or, encadré d'un trait vert et blanc, occupe le haut du tableau et lui donne un merveilleux éclat [1].

A la miniature suivante (Pl. XXVII, vv. 22-96), pendant que le monstre, « comme le taureau qui rompt ses liens au moment où il vient de recevoir le coup mortel, aller ne sait, mais çà et là sautille », les poètes prennent leur route par cet éboulement de pierres et descendent au premier circuit du septième cercle. Dante s'en va « pensif », les mains jointes sur la poitrine, ses regards sont tournés, malgré l'arrivée des centaures, « vers la rivière de sang, dans laquelle boût — celui qui par violence nuit à autrui ». On aperçoit seulement une petite partie de cette « ample fosse » rouge, au coin inférieur droit de notre miniature. Conformément à la description du poème elle est « en cercle tournée, comme celle qui toute l'enceinte embrasse ».

Et entre le pied de la pente et elle, en file
couraient des centaures armés de flèches,   [chasse.
comme ils avaient coutume dans le monde d'aller à la

Nous voyant descendre chacun s'arrêta,
et de la troupe trois se détachèrent
avec leurs arcs et des dards d'abord choisis.

Ce sont Nessus, Chiron et Pholus. Chiron, reconnaissable à sa grande barbe, vient

[1] M. Auvray a donné de cette miniature une reproduction en héliogravure dans les *Manuscrits de Dante des bibliothèques de France*, mais il l'a réduite de 124 × 107 mm. à 96 × 85 mm.

entre les deux autres, tenant une flèche renversée de la main gauche. Il observe Dante plus attentivement que ne font ses compagnons ; c'est lui en effet qui dans le poème s'exprime ainsi : « Vous êtes-vous aperçus — que celui qui vient le dernier remue ce qu'il touche ? — Ainsi n'ont pas coutume de faire les pieds des morts ».

Virgile, « qui déjà était près de sa poitrine, — où les deux natures sont associées », lui assure que c'est bien un vivant autorisé à visiter sous sa conduite « la sombre vallée ». Il lui demande même de désigner quelqu'un des centaures pour indiquer le gué de la rivière de sang et « porter Dante sur sa croupe..... parce qu'il n'est point un esprit qui marche dans l'air ». Ces centaures sont jaunes pour la plupart comme le Minotaure ; quelques-uns cependant sont gris et ont des chevelures blanches. Ils portent en bandouillère des carquois garnis de flèches et tiennent dans leurs mains les arcs avec lesquels ils décochent des traits sur les malheureux damnés qui émergent du fleuve. L'un d'eux vise actuellement une victime, pendant que les neuf autres sont attentifs au dialogue engagé entre Virgile et Chiron. Le groupe de ces monstres, au côté droit de la miniature, est très remarquable par l'aisance avec laquelle le peintre a su en représenter nettement une dizaine dans un espace fort exigu et sans qu'il manque rien à leurs proportions.

Au dessus des rochers de l'enceinte de ce cercle on voit un fond vert à arabesques d'or, entouré d'un trait rouge coupé d'un filet blanc. Ce fond est bleu à la miniature suivante, il y est orné de petits dessins blancs et limité par un trait vert semblablement coupé par un filet blanc ; mais il n'occupe qu'un petit espace à gauche, parce que les parois de l'enceinte atteignent à droite le cadre même noir et or du tableau. Cette miniature ne faisait pas suite originairement à celle qui se trouve reproduite à la planche XXVII. Les mutilations du fol. XII d'Imola et du fol. 144 v° portent en effet certainement toutes deux sur des miniatures consacrées aux vers 97-111 et 112-123. La planche XXVIII (vv. 124-139) nous montre Dante et Virgile, à cheval sur le centaure Nessus, arrivés au gué de la « rivière de sang » où sont enfoncés les tyrans coupables de violence envers leurs semblables. Ils en ont longé le bord et ont vu ces damnés plongés dans leur « affreux bain », les uns jusqu'aux sourcils, d'autres jusqu'à la tête ou à mi-corps, d'autres seulement jusqu'à la cheville [1] ; ils reçoivent les flèches lancées par les centaures qui se promènent autour du rivage, armés comme au tableau précédent.

Ainsi de plus en plus se faisait bas
le sang, de sorte qu'il ne cuisait plus que les pieds,
et c'est là que du fossé se fit notre passage.

que de cet autre de plus en plus bas il s'enfonce
dans les profondeurs, jusqu'à ce qu'il se réunisse
à l'endroit où il convient que la tyrannie gémisse ».

« De même que de ce côté tu vois
les flots bouillants qui toujours diminuent,
dit le Centaure, je veux que tu saches

[1] Ces derniers ont tous été scrupuleusement grattés, ainsi que deux des centaures tournés de face.

11

En donnant ces explications, Nessus montre de la main gauche le côté du fleuve qui fait pendant à celui que l'on voit représenté à sa droite sur la miniature. Il retourne la tête vers Dante qui l'écoute attentivement, pour obéir à la recommandation de Virgile : « Ici Nessus sera ton premier maître, moi le second ».

Chant XIII [1]. — Laissant derrière eux le fleuve de sang, les deux poètes arrivent au second circuit du même cercle où les suicidés subissent le châtiment de leur crime, ils y trouvent la forêt décrite au début du treizième chant :

..... nous entrâmes dans un bois
qui d'aucun sentier n'avait signe.

Le feuillage n'était point vert, mais de couleur obscure,
les rameaux n'étaient point droits, mais noueux et repliés ;
il n'y avait pas de fruits, mais des piquants avec du poison.

Elles n'ont pas de halliers si âpres et si épais,
ces bêtes sauvages qui ont en horreur,
entre Cecina et Corneto, les lieux cultivés.

Cette étrange forêt n'est pas formée d'arbres ordinaires, mais de damnés tombés là, y ayant « germés comme un grain d'épeautre..... puis surgis en bourgeons et en plantes

---

[1] Pl. XXIX, fol. 160 et Pl. XXX, *Im.*, fol, XIII v°.

sauvages ». Les harpies qui y « font leur nid » ne sont pas représentées à la planche XXIX (vv. 115-128), non plus que l'entretien de Dante avec Pierre des Vignes. Les vers consacrés à ces récits devaient faire l'objet d'une ou deux miniatures disparues par suite de la lacune *i*. Au moment où nous retrouvons les poètes leur attention est attirée par l'irruption de deux damnés « nus et égratignés [1] », qui se sauvent à toutes jambes pour échapper à la poursuite d'une meute de chiennes furieuses. Tout en courant, le premier, Lano de Sienne, redoutant l'atteinte de ces terribles bêtes, appelle la mort en criant : *accorri, morte !* L'autre, Jacopo de Sant' Andrea, « qui se paraissait à lui-même trop tardif », désespérant de s'échapper assez vite, « de soi et d'un arbrisseau ne fit qu'un groupe » ; mais les chiennes le découvrent dans sa retraite et, « mettant sur lui les dents, le déchirent brin à brin ». Trois d'entre elles l'ont cerné et le mordent affreusement aux deux bras et à une jambe. Elles s'abattent avec une rage inexprimable sur leur épouvantable festin ; le corps plié par l'effort elles arracheront coûte que coûte les membres du malheureux, la soif du sang les enfièvre, leurs yeux injectés et fixes sont effrayants de férocité. Comme si ce n'était point assez de trois monstres pareils, on en voit accourir deux autres, dans le haut du tableau, la gueule béante avec des crocs menaçants et la langue tendue. L'infortunée victime, les cheveux hérissés, les traits contractés, ouvre la

[1] Tous deux ont subi des grattages sur la miniature.

— 84 —

bouche et l'on sent à le voir que la souffrance et l'effroi sont arrivés chez lui à un tel paroxysme que les cris ne peuvent même plus s'échapper de sa poitrine haletante. Il est impossible de concevoir cette scène plus dramatiquement rendue. Dante et Virgile la contemplent à distance ; le visage tendu en avant ils semblent retenir leur souffle. Dante surtout est violemment ému et ses impressions sont si bien peintes sur son visage que l'on voit en quelque sorte claquer ses dents.

Les arbres de la forêt pleurent eux aussi, et leurs cris de douleur sont figurés en six endroits différents par l'exclamation *hei*, écrite à l'encre rouge.

La partie supérieure du tableau est occupée par un champ bleu orné de dessins au trait blancs et encadré d'un trait vert à filet noir.

Dans la miniature suivante (Pl. XXX, vv. 129-151), les chiennes, ayant achevé leur sinistre curée, s'éloignent, emportant de divers côtés les membres saignants de Jacopo de Sant'Andrea. Virgile, prenant Dante par la main, s'approche alors du buisson où Jacopo avait cherché un si insuffisant abri. Brisé en maints endroits par « l'indigne saccage » qu'il vient de subir, ses rameaux jonchent le sol. Virgile parle avec lui et l'on voit écrites à l'encre rouge, à travers les branches et le feuillage, les dernières paroles par lesquelles le damné caché là cherche à se faire connaître de ses visiteurs : *io fei iubeto ad me de le mie casse*. Dante regarde à terre, et l'on voit à son attitude penchée, à son bras droit déjà levé, qu'il est disposé à rapprocher les rameaux épars du buisson qui les réclame (v. 142)[1]. Au dessus des rochers qui ferment l'enceinte de la forêt un champ d'or encadré d'un filet vert complète la miniature.

Chant XIV[2] — Outre les violents contre le prochain ou tyrans et les violents contre eux-mêmes ou suicidés, le septième cercle reçoit encore les violents contre Dieu et contre la nature, œuvre de Dieu. Ces derniers occupent une sablonnière « qui de son sol écarte toute plante. — La douloureuse forêt (des suicidés) l'environne — tout autour, comme le triste fossé (des tyrans) celle-ci ». Sur toute son étendue, « d'une chûte lente — pleuvaient de larges flocons de feu, — comme la neige sur les Alpes, quand il n'y a pas de vent..... Ainsi descendait l'éternelle flamme, — d'où s'enflammait le sable, comme l'amadou — sous le briquet ». Sur cette arène brûlante les damnés ne sont pas tous en même posture.

D'âmes nues je vis de grands troupeaux
qui pleuraient toutes très misérablement
et paraissaient soumises à une loi diverse.

Une troupe gisait renversée à terre,
une autre était assise tout accroupie,
et une autre allait continuellement.

[1] Cette miniature se trouve reproduite en gravure, entre les pages 320 et 321 de l'édition de Zacheroni. Cette gravure est la meilleure des trois du volume.

[2] Pl. XXXI, fol. 169.

Celle qui marchait autour était plus nombreuse,
et celle-là moins nombreuse qui gisait dans le tourment,
mais pour crier elle avait la langue plus libre.

Les damnés renversés à terre sont les blasphémateurs « qui, discourant en leur cœur, méprisent Dieu [1] »; ceux qui marchent sans cesse et forment le groupe le plus nombreux, sont les sodomites; les « caorsins » enfin, ou usuriers, sont assis « tout accroupis ».

La planche XXXI (vv. 75-142) [2] montre Virgile et Dante au moment où ils s'éloignent du premier groupe, après leur entretien avec Capanée. Les quelques blasphémateurs que l'on voit encore à leur gauche gisent tout nus sur le sol ardent, et leurs « misérables mains » s'agitent sans repos, « de çà de là — secouant loin d'elles l'arsure fraîche [3] ». Mais les poètes n'y prennent plus garde et ils se dirigent vers un petit fleuve aux eaux rougeâtres, le Phlégéton, en suivant la lisière de la forêt. Dante, fidèle au conseil de son guide, « se garde de mettre jamais les pieds dans le sable brûlant ». Il est assez mal représenté de profil, de telle façon que son visage disparaît à peu près; il relève sa robe pour la préserver du feu et monte à la suite de Virgile.

---

[1] Cf. ch. xi, vv. 46-51.
[2] Une découpure au fol. 163 du ms. a fait disparaître l'illustration du début de ce chant.
[3] Ces damnés ont tous été scrupuleusement grattés.

Ce dernier gravit aussi la pente, mais il se retourne à demi vers son disciple et lui montre de la main gauche le fleuve infernal formé par les larmes de l'humanité, au sujet duquel il donne les explications qui occupent la fin du quatorzième chant. Sur le sol on peut lire écrits à l'encre rouge les vers suivants de ce discours : *Tra tuto laltro chio te ho dimo | strato cossa non fu da li tuoi | ochi scorta notabile comel | presente rio*. Les deux bords de ce fleuve sont garnis d'une digue de pierre et l'on aperçoit, sur la rive gauche, la continuation du même champ de sable gris, semé de flammes rouges, qui occupe la rive droite. La partie supérieure de la miniature est à fond d'or encadré d'un trait rouge à filet blanc.

Chants XV et XVI [1]. — Les découpures pratiquées sur les fol. 176 et 185 du manuscrit nous privent de l'illustration du chant xv, occupé tout entier par le dialogue de Dante et de son maître Brunetto Latini. La miniature reproduite à la planche XXXII avait elle-même été détachée du volume, mais, retrouvée avec celui-ci, elle a été, malgré ses lacérations, collée sur un feuillet blanc que le relieur inséra par erreur entre les fol. 213 et 215 ; sa vraie place eut été entre les fol. 185 et 186. Placée au début du chant xvi, elle est en effet consacrée aux vers 1-87 de ce chant. Les poètes étaient arrivés, en suivant la digue du fleuve,

---

[1] Pl. XXXII, fol. 214 ; — Pl. XXXIII, fol. 191.

..... dans le lieu où s'entendait le retentissement
de l'eau qui tombait dans l'autre cercle,
semblable à ce bourdonnement que font les ruches,

quand trois ombres ensemble se séparèrent,
en courant, d'une foule qui passait
sous la pluie de l'âpre martyre.

Elles venaient vers nous et chacune criait :
« Arrêtes, toi qui, à l'habit, sembles
être l'un de notre patrie mauvaise ».

Ces trois damnés appartiennent encore au groupe des sodomites, ce sont Guido Guerra, Thegghiajo Aldobrandini et Jacopo Rusticucci. Arrivés auprès de Dante « ils font d'eux-mêmes une ronde tous trois » et, en tournant, dirigent leurs regards vers lui, « de sorte que le cou, en sens contraire — aux pieds, faisait un continuel voyage ». Par suite d'une découpure régulièrement faite avec des ciseaux, on ne voit plus du corps de ces malheureux que les pieds, les épaules et la tête. Il en est de même d'un autre groupe peint plus à droite du tableau [1]. Les figures sont, comme toujours, très remarquables par l'exactitude des proportions et la variété des physionomies sous l'uniforme expression de douleur et de désespoir commandée par le

[1] Ce n'est sans doute pas fortuitement que cette lacération supprime tout le milieu du corps à ces damnés. Ce fait autorise à croire que la personne, qui a gratté tant de nudités tout au long de l'illustration, aura, à un moment donné, dans un furieux accès de pudeur, échangé le grattoir contre les ciseaux pour mieux faire disparaître les images où son imagination malade ne voyait qu'un objet de scandale.

sujet. Dante lui aussi montre sur ses traits la compassion que ces pêcheurs charnels lui inspirent, comme ceux du second cercle. Le corps penché sur leur fosse, la tête douloureusement inclinée, le regard long et attristé fixé sur eux, le bras à demi levé dans un geste de commisération, il ressent bien les sentiments indiqués dans les vers du poème :

Si j'avais été couvert contre le feu,
je me serais jeté en bas parmi eux,
et je crois que le docteur l'aurait souffert,

mais, parce que je me serais brûlé et cuit,
la peur vainquit la bonne volonté,
qui de les embrasser me faisait désireux.

Virgile lui-même partage ces sentiments indulgents, son visage le dit assez. Cependant il tient Dante par le bras gauche, afin de le préserver d'une chûte dans la fosse embrasée. Près d'eux le fleuve infernal tombe en cascade du septième au huitième cercle.

Au dessus du rocher d'enceinte du septième cercle, un champ de rouge ardent complète et avive le tableau, mais sur ce fond rouge l'artiste a tracé à l'encre d'or un losangé dont chaque compartiment est encore orné d'une croix croisetée noire. Un filet bleu encadre le tout.

A la miniature suivante (Pl. XXXII, vv. 88-114) on voit toujours la plaine embrasée et quelques damnés qui gémissent et se débattent sous la pluie de feu, mais les poètes se sont approchés du bord de l'abîme :

— 90 —

Moi je le suivais et nous avions peu marché
lorsque le son de l'eau fut si voisin
que pour parler nous serions à peine entendus.
. . . .
Moi j'avais une corde qui me ceignait autour,
et avec elle je pensais une fois
prendre la panthère à la peau bigarrée.

Après que je l'eus entièrement dénouée,
comme mon guide me l'avait commandé,
je la lui présentais pelotonnée et roulée.
Alors il se tourna du côté droit,
et, assez loin de la rive,
il la jeta en bas dans ce profond précipice.

Ces vers ne pourraient être plus fidèlement illustrés qu'ils ne le sont par notre miniature et au point de vue artistique on doit, entre bien d'autres mérites, remarquer l'exactitude des plis du vêtement de Virgile au moment où il fait effort pour jeter « assez loin de la rive » la corde qui doit servir d'appel à Géryon.

Le haut du tableau est occupé par un carrelé bleu, rouge lie et or, enfermé dans un cadre vert. Les carreaux bleus et les rouges sont obliquement traversés par un losangé blanc.

Chant XVII [1]. — La miniature reproduite par la planche XXXIV (vv. 43-75) est une des plus admirables de la série. Il est probable qu'une peinture spéciale devait représenter (lacune j) l'arrivée de Géryon « à travers l'air gros et obscur », sous les regards étonnés de

[1] Pl. XXXIV, fol. 196 ; — Pl. XXXV, fol. 199 ; — Pl. XXXVI, fol. 204.

Dante. Au moment où nous le voyons, il est posé « sur le bord des rochers qui enserrent le sable » et « du côté droit » de la cascade. Virgile parlemente avec lui pour qu'il consente à le porter, ainsi que son disciple, jusqu'au huitième cercle. Pendant ce temps Dante, sur le conseil de son guide, s'avance seul « vers l'extrême limite du septième cercle », pour voir le troisième groupe des damnés qui subissent la peine de leurs violences contre la nature, œuvre de Dieu. Ce sont les usuriers, assis sur la sablonnière, « tout accroupis » sous la pluie de feu.

Par leurs yeux éclatait dehors leur douleur ;
de çà de là ils se protégeaient de leurs mains,
tantôt contre les flammes et tantôt contre le sol brû-
[lant.
. . . . mais je remarquais
que du cou de chacun pendait une poche,
qui avait une certaine couleur et un certain signe,
et il paraît que là leur œil se repaît.

Et comme, en regardant, parmi eux je viens,
sur une bourse jaune je vis une figure azurée
qui avait la face et la pose d'un lion.
Puis suivant le cours de mon regard,
j'en vis une autre, rouge comme du sang,
montrer une oie plus blanche que l'ivoire.
Et l'un, qui avait une truie bleue et grosse
marquée sur son sachet blanc,
me dit : « que fais-tu en cette fosse » ?

Ce dernier est un Scrovegni de Padoue et il parle à Dante ; son voisin porte au cou les armes des Ubriacchi de Florence et le suivant celles des Gianfigliacchi. Toutes ces armoiries sont conformes aux descriptions du poème. D'autres damnés, dont on ne voit que le dos, sont assis en face de ceux-là. Dante les regarde attentivement avec un air de mépris.

Mais la partie maîtresse de cette miniature, c'est la représentation de Géryon, le gardien du huitième cercle et la personnification de la fraude. La seule bonne description que l'on en puisse faire est la citation même des vers de Dante.

Cette difforme image de la fraude
s'en vint, et mit sur la rive la tête et le buste,
mais sur la rive elle ne tira point sa queue.
Sa face était la face d'un homme juste,
elle n'avait que la bénignité du pelage au dehors,
et d'un serpent était tout le reste du corps.
Elle avait deux pattes poilues jusqu'aux aisselles.
le dos et la poitrine et les deux côtés
étaient peints de nœuds et de rondelles.

Avec plus de couleurs dans le fond et la broderie
jamais étoffe ne fut faite par les Tartares ni les Turcs,
jamais des toiles semblables par Arachné ne furent
[composées.

. . . . la bête perverse se tenait
sur le bord de pierre qui enserrait le sable.
Dans le vide elle agitait toute sa queue,
tordant en haut la fourche vénéneuse
qu'une pointe armait comme chez le scorpion.

Aucun de ces détails ne manque dans la peinture et surtout le corps du monstre est devenu, sous le pinceau de l'artiste, une vraie merveille de coloris. La carapace noueuse et écailleuse, qui le recouvre en entier, est verte, mais les jointures en sont rouges avec quelques points d'or, les griffes sont vertes aussi, la pince de scorpion de la queue est noire et luisante. Quant à la tête, levée vers Virgile, c'est celle d'un vieillard, doux et cauteleux, à longue barbe et grands cheveux blancs.

Une fois l'accord intervenu entre ce monstre et Virgile, celui-ci monte « sur la croupe du féroce animal ». Dante le rejoint sans retard et, à son commandement, s'asseoit aussi, mais en tremblant de frayeur, « sur ces hideuses épaules » (Pl. XXXV, vv. 76-103). Virgile le fit placer devant lui, « afin que la queue ne puisse lui faire de mal », puis il l'entoura de ses bras et le soutint.

Et il dit : « Géryon remue-toi maintenant,
que les circuits soient larges et que la descente soit
  [douce :
pense à la nouvelle charge que tu as ».

Comme la nacelle sort de sa place,
en reculant, en reculant, ainsi de là il s'enleva,
et lorsque tout il se sentit sur le vide,
là où il avait la poitrine, il ramena sa queue.

La miniature qui représente ce départ est la même pour les autres détails que la précédente, le centre en a seulement été reporté un peu plus à droite, de sorte que l'abîme y apparaît plus largement et que quelques-uns des usuriers placés le plus à gauche au tableau précédent ne sont pas visibles dans celui-ci. Ceux que l'on voit encore sont reproduits avec des figures et des attitudes semblables à celles qu'ils avaient antérieurement, mais, comme l'on est censé les apercevoir de plus loin, ils sont dessinés en des proportions un peu plus petites.

Une autre différence entre les deux miniatures est que la première (Pl. XXXIV) se termine dans le haut par un champ d'or à arabesques gravées à la pointe sèche, tandis que la seconde est ornée, dans cette partie, d'un fond rouge sur lequel brille les reflets d'or de branchages dessinés de fantaisie.

A la miniature suivante (Pl. XXXVI, vv. 104-134 et ch. XVIII, vv. 1-18) ce champ supérieur a un plus grand éclat, grâce au carrelé multicolore dont il est formé. Dans ces petits carreaux l'or alterne successivement avec le bleu, le vert et le rouge; des points blancs placés sur les compartiments de ces trois dernières couleurs y ajoutent une nuance de plus.

Les poètes toujours assis sur la croupe de Géryon vont aborder au huitième cercle de l'enfer. Dante est encore effrayé de se voir « dans l'air de tous côtés », mais déjà son attention est portée vers « les grands maux qui s'approchent ». Bientôt le monstre va déposer sa charge « tout au fond au pied de la roche échancrée ».

Chant XVIII [1]. — Le début de ce chant (vv. 1-18) trouve encore sa représentation dans la miniature reproduite à la planche XXXVI.

Il est un lieu en enfer dit Malebolge,
tout en pierre de couleur de fer.
comme le cercle qui alentour s'étend.

Au droit milieu de la campagne-maligne
s'ouvre un puits très large et profond [2],
dont en son lieu je dirai l'ordonnance.

---

[1] Pl. XXXVII, fol. 206; — Pl. XXXVIII, fol. 216.
[2] Le neuvième cercle.

Cette enceinte qui reste donc est ronde
entre le puits et le pied de la rive haute et dure,
et a le fond divisé en dix circonvallations.
Telle est, lorsque, pour la garde des murs,
plusieurs et plusieurs fossés ceignent les châteaux,
la figure que donne l'endroit où ils sont,

telle image faisaient celles-là.
Et comme, à de telles forteresses, de leur seuil
à la rive du dehors il y a de petits ponts,
ainsi, du bas de la roche, des écueils
s'avançaient qui coupaient les digues et les fossés
jusqu'au puits qui les tranche et les recueille.

Le sixième de ces ponts est brisé conformément à ce qui est dit au chant XXIV, v. 19.

Secoués du dos de Géryon, les poètes se trouvent (Pl. XXXVII, vv. 19-66) au bord de la première « bolge » ou vallée du huitième cercle. Le monstre s'éloigne aussitôt et l'on n'aperçoit déjà plus que sa queue recourbée. Virgile prend sa route « à gauche », dans la direction du pont jeté sur cette vallée, Dante le suit ; tous deux portent leur attention sur les damnés qui subissent le châtiment de la première espèce de fraude, les proxénètes et les séducteurs. « Au fond étaient des pécheurs nus ; du milieu, d'un côté, ils venaient le visage vers nous ; de l'autre, ils allaient comme nous, mais à plus grands pas ».

De çà, de là, sur les sommets des rochers
je vis des démons cornus, avec de grandes verges,
qui les frappaient cruellement par derrière.

Ces démons ont des ailes noires crochues, de grandes oreilles et des cornes blanches ; l'un d'eux est couvert d'écailles et abat en ce moment ses verges sur le dos de Venedico

Caccianimico, qui parle à Dante en tendant vers lui la tête et les mains. Un autre tire la langue en levant le bras droit pour « fouetter cruellement » quelque entremetteur disparu par suite de la lacération de cette miniature. Sur le côté droit de la vallée, les séducteurs courent en sens inverse des damnés du bord opposé. On n'en aperçoit plus, dans l'état actuel du tableau, que trois et encore ne voit-on que la partie supérieure de leurs corps. Une miniature spéciale leur était consacrée au feuillet 209 v°; les poètes devaient les examiner du haut du pont qui domine cette vallée, mais cette miniature a été découpée et perdue. Celle que nous venons de décrire avait d'ailleurs, elle aussi, été enlevée; retrouvée avec le volume elle fut recollée à sa place, et l'on distingue même sur la reproduction ci-dessous le papier transparent collé tout autour pour la fixer. Un champ d'or à arabesques gravées achève le tableau dans sa partie supérieure.

La miniature suivante (Pl. XXXVIII, vv. 100-136) a été moins maltraitée, elle ne porte que deux ou trois grattages de nudités. Sous un fond vert, encadré de rouge, on y voit Virgile et Dante debout sur le pont de la seconde vallée, celle des flatteurs, « qui s'ébrouent et se déchirent de leurs propres mains ».

Les rives étaient encroûtées de mousse par l'exhalaison d'en bas qui s'y épaissit et qui offusque les yeux et le nez.

Le fond est si noir, qu'il ne nous suffit pas de l'œil pour voir, sans monter sur le dos de l'arc, où l'écueil le plus s'élève.

— 97 —

Là nous vîmes et alors nous vîmes, en bas dans le fossé,
des gens étouffés dans une fange,
qui semblait venue des privés humains.

Dante se bouche le nez, suffoqué par la puanteur de cette boue jaunâtre où les damnés, le corps tacheté de brun, se vautrent douloureusement. Il en reconnaît un, Alessio Interminelli de Lucques,

et lui alors, battant sa (tête de) citrouille (dit) :
« si bas m'ont plongé les flatteries
dont je n'eus jamais la langue rassasiée ».

Virgile montre du doigt, un peu plus en avant, Thaïs,

« cette sale et échevelée servante
qui là-bas s'égratigne avec ses ongles pleins d'ordures,
et tantôt s'accroupit, tantôt se tient debout sur ses pieds ».

Chant XIX[1]. — Les trois miniatures qui constituent l'illustration de ce chant ne diffèrent les unes des autres que par les couleurs employées à l'enluminure de leur partie

[1] Pl. XXXIX, fol. 219; — Pl. XL, fol. 223; — Pl. XLI, fol. 230 v°.

13

supérieure et par les positions successives des poètes pendant leur visite de cette troisième fosse de « malebolge ». La première (Pl. XXXIX, vv. 1-39) est ornée d'un fond bleu encadré de vert et relevé par des filets et des arabesques d'or ; à la seconde, ce fond est d'or, entouré d'un trait bleu ; il est formé pour la dernière d'un carrelé bleu et or, limité par un trait vert, dans les carreaux bleus l'artiste a placé obliquement de petites croix blanches.

Au dessous du rocher d'enceinte, toujours de couleur brune, avec parfois quelques reflets verdâtres, on aperçoit encore un peu, dans le haut à gauche, le pont de la seconde vallée ; à droite et dans le bas des tableaux on voit l'entrée du pont de la quatrième. Entre ces deux ponts s'étend la troisième vallée du huitième cercle, occupant en biais la plus grande place ; un pont arqué la surplombe. C'est le lieu du supplice des simoniaques. A leur arrivée Pl. XXXIX) « à cette partie de l'écueil — qui exactement domine le milieu de la fosse », les poètes sont en face d'un spectacle si bien représenté sur la miniature que l'on ne saurait autrement décrire cette dernière qu'en employant les paroles du poème :

Je vis dans les côtés et dans le fond,
la pierre livide pleine de trous,
tous d'une seule largeur, et chacun était rond.
Par la bouche de chacun s'élevaient
les pieds d'un pécheur et les jambes
jusqu'au gras, et le reste était dedans.

Les pieds étaient tous deux embrasés,
c'est pourquoi si fortement ils agitaient les jointures
qu'ils auraient brisés cordes et liens.
Telle d'ordinaire la flamme sur un objet graissé
se meut à l'extérieur sur l'extrême surface,
telle elle était là, des talons au bout des doigts.

Ces flammes sont peintes avec des teintes rouges et bleuâtres qui en indiquent bien l'ardeur. Du haut du pont où il se trouve, Dante remarque qu'une « flamme plus rouge suce » les pieds plus agités d'un pécheur plongé dans un trou situé à la gauche du pont et au second rang, le long de la paroi inférieure de la fosse. Il montre cette flamme à son guide et lui demande avec curiosité qui elle tourmente ainsi. Virgile pour toute réponse l'invite à s'avancer jusqu'à « la quatrième digue », puis à descendre « à main gauche, dans le bas fond perforé et étroit », afin de savoir de la bouche du damné lui-même qui il est, et quels sont ses torts. Dans ce passage malaisé (Pl. XL, vv. 40-123) Virgile soutient son disciple et le porte à peu près complètement.

Et le bon maître de sa hanche
ne m'écarta point, jusqu'à ce qu'il m'eut amené au trou
de celui qui se plaignait avec la jambe.

Un dialogue s'engage alors entre Dante et le pape Nicolas III. Ce dernier n'apparaît toujours que par ses pieds enflammés ; Dante, se soutenant du bras droit sur l'épaule de Virgile, fait de la main gauche le geste de la conversation ; on voit au feu de son regard et à la fixité de ses traits combien il est emporté par le sujet de son discours, il prononce en effet sa célèbre sortie contre la vénalité de la cour romaine à son époque. Virgile tourne vers lui la tête comme pour lui dire, à un moment donné, quand le pape damné se trompe sur la personne de son visiteur : « Dis-lui aussitôt : — je ne suis pas celui, je ne suis pas celui que tu crois ! »

Ce dialogue achevé, Virgile, montrant à l'expression de son visage la satisfaction qu'il éprouvait des « paroles vraies et expressives » qu'il venait d'entendre, prit Dante dans ses bras (Pl. XLI, vv. 124-132) pour lui faire « remonter le chemin par où il était descendu,..... au milieu du rocher si scabreux et rapide, qu'il serait dur aux chèvres à franchir ».

Chants XX et XXI [1]. — Une découpure a fait disparaître du feuillet 231 v° une miniature certainement relative au chant XX ; une autre lacune du manuscrit nous prive vraisemblablement aussi de l'illustration des premiers vers du chant XXI. Ces pertes sont infiniment regrettables, car il serait fort intéressant d'avoir ici la représentation de l'étrange supplice imaginé par Dante (ch. XX) pour les devins, qui occupent la quatrième vallée de « malebolge ».

Les miniatures consacrées au chant XXI augmentent encore ce regret, en nous faisant voir, plus que d'autres, la puissance d'imagination et le talent de mise en scène déployés par le peintre pour arriver à des représentations aussi dramatiques et aussi fidèles des scènes compliquées et tumultueuses qui se déroulent dans ce chant.

Nous sommes à la cinquième vallée du huitième cercle où sont châtiées la friponnerie

[1] Pl. XLII, fol. 245 ; — Pl. XLIII, fol. 250 v° ; — Pl. XLIV, fol. 253 ; — Pl. XLV, fol. 255 v°.

et la vénalité. Dans les quatre miniatures relatives à cette vallée le cadre des événements reste le même. En travers du tableau, et en occupant la majeure partie, se trouve la fosse « étrangement obscure », au fond de laquelle « bout une poix épaisse — qui englue la rive de tous côtés », comparable seulement à ces masses énormes de poix qui jadis bouillaient pendant l'hiver en d'immenses chaudières, « dans l'arsenal de Venise ». Des deux côtés de cette fosse de larges digues la bordent et la séparent des vallées avoisinantes. On aperçoit, au coin supérieur gauche, le pont qui domine la quatrième vallée, et à droite, au coin inférieur, l'extrémité brisée du pont qui surplombait autrefois la sixième. Dans le haut, les rochers de l'enceinte générale du huitième cercle portent successivement dans nos quatre petites peintures des reflets jaunâtres, violacés, bruns et rougeâtres ; ces reflets s'harmonisent avec les enluminures qui brillent au dessus d'eux. Le haut de la première miniature (Pl. XLII) est en effet rouge, orné d'arabesques or et encadré d'un trait vert ; ce trait est bleu pour la seconde miniature et il entoure un fond d'or pointillé à la pointe sèche, il est rouge autour du fond bleu à arabesques d'or de la troisième et de celui également bleu de la dernière. Celle-ci (Pl. XLV) est ornée, sur ce fond bleu, d'un quadrillé or à double trait, et chaque carreau renferme en outre une sorte de croix de Saint-André tracée à l'encre d'or.

Arrivés sur le faîte du pont de la cinquième vallée, les poètes s'étaient arrêtés pour regarder « la poix épaisse qui engluait la rive ».

Je la voyais (mais je n'y voyais
rien que les bulles que le bouillonnement soulevait),
se gonfler tout entière et retomber affaissée.
Pendant qu'en bas je regardais fixement,
mon guide, en me disant : « Gare ! gare ! »
me tire à soi du lieu où je me tenais.
Alors je me tournai comme l'homme à qui il tarde
de voir ce qu'il convient de fuir,
et qu'une peur subite décourage,

si bien que pour voir il ne tarde point à partir.
Et je vis derrière nous un diable noir
venir en courant sur le sommet du rocher.
Aïe ! comme il avait l'aspect féroce,
et comme il me semblait acerbe à voir
avec ses ailes ouvertes et léger sur ses pieds !
Sur son épaule, qui était aiguë et superbe,
se serrait un pêcheur avec ses deux jambes,
et lui il tenait saisi le nerf des pieds [1].

De notre pont il dit : « O Malebranche !
voici l'un des anciens de Santa-Zita [2],
mets-le dessous toi, parce que je retourne encore
à cette terre qui en est bien fournie... »

La miniature qui représentait l'arrivée de ce démon chargé d'un damné Lucquois doit

---

[1] *L'omero suo, ch'era acuto e superbo*, ch'era appuntato ed alto, *carcava un peccator con ambo l'anche*, stando questi seduto, e poggiando sulla spalla di quel diavolo entrambi gli ossi, che giungono le cosce ai fianchi, *e quei*, cioè il diavolo, *tenea ingremito*, con le unghie aggraffato *il nerbo del piè* ; vuol dire : che tenea con le griffe quel peccatore per lo garetto de' piedi ». Guiniforto Bargigi, *Commento sopra lo Inferno*, edit. Zacheroni. p. 487.

[2] Sainte Zite est la patronne de la ville de Lucques.

être perdue [1], dans celle qui subsiste (Pl. XLII, vv. 37-57) on voit ce monstre debout sur le milieu du pont, faisant le geste de celui qui vient de lancer au loin un fardeau. Le malheureux damné est en effet tombé dans la poix, sa tête seule dépasse encore la surface et les « malebranches » se chargent bien de l'y faire disparaître aussi ; une demi douzaine d'entre eux, armés de grappins, s'en occupent déjà, pendant que le fournisseur de cette bolge leur crie *Mettetel sotto chio torno p anche……*

Ce dernier personnage est admirablement représenté, il a vraiment « l'aspect féroce » avec ses grandes oreilles et ses cornes, avec son visage contracté au milieu duquel se détachent des dents aiguës, sortant de gencives d'un rouge vif ; son corps « noir » avec des reflets jaunâtres sur le ventre ; ses cheveux hérissés, jaunes comme les ailes crochues qu'il tient déployées ; sa queue noire dressée, avec un bouquet de poils rouges au dessous, ses pieds d'oiseau disent et sa méchanceté et son agilité.

Dante, atterré d'une telle apparition, se serre contre Virgile et embrasse ses épaules ; celui-ci semble fort effrayé lui-même, il court au bas du pont en regardant en arrière et arrondissant le dos, comme s'il craignait de recevoir des coups par derrière ; le geste de sa main droite grande ouverte est particulièrement remarquable comme expression de cette frayeur.

[1] Cf. *supra*, p. 33, note 1.

Quant aux « malebranches » ils sont grotesques et terribles dans l'accomplissement de leur besogne infernale de marmitons « plongeant au milieu de la chaudière la viande, afin que point elle ne surnage ».

> Puis ils le mordirent avec plus de cent grappins.
> Ils dirent : « C'est couvert qu'ici il convient de danser,
> afin, si tu le peux, de gripper en cachette ».

Il y en a de jaunes, de noirs et de rouges ; celui qui apparaît le mieux, avec ses ailes ouvertes, a la figure et les bras de cette dernière couleur et elle ajoute à la hideur et à la férocité de son expression.

Au tableau suivant (Pl. XLIII, vv. 58-87) Virgile s'est avancé « au delà de la tête du pont », jusque sur la digue qui forme séparation entre la cinquième et sixième vallée. Aussitôt les démons s'élancent contre lui de dessous le pont, animés de la même « impétuosité — avec laquelle sortent les chiens contre le pauvret — qui soudain demande où s'arrêter, — et ils tournèrent contre lui tous les crocs ». Mais Virgile ayant, d'un « front assuré », commandé à ces monstres « que nul ne soit félon ! », et exprimé le désir de parler à l'un d'eux qui l'entendra au nom des autres, Malacoda est venu jusqu'à lui. La miniature nous montre la scène de leur dialogue. Virgile, le corps infléchi en avant pour parler plus en face à son interlocuteur, le regarde dans les yeux, il n'éprouve aucune crainte, ne s'appuie-t-il pas sur une volonté divine et toute puissante ?

> « Crois tu, Malacoda, qu'ici tu me vois
> venu, dit mon maître,
> rassuré contre tous vos obstacles,
> sans un vouloir divin, sans une fatalité favorable ?
> Laisse passer! car au ciel on veut
> que je montre à un autre le chemin sauvage ».

Malacoda, à l'ouïe de ces paroles et à la vue de cette assurance, s'apaise, son grappin lui échappe et roule à terre, il est embarrassé de ses mains et, reculant le pied gauche, fait une sorte de révérence, on voit à sa figure que « son orgueil est tombé ». Pendant ce temps les autres démons sont restés tranquilles sur le bord de la fosse, faisant effort pour ne point utiliser contre le nouveau venu leurs fourches et leurs crochets. Ils écoutent avec attention et curiosité ce qui se dit. L'un d'eux est particulièrement drôle, assis comme il est, une jambe étendue sur l'arête de la digue et l'autre pendante dans la fosse et cachée à nos regards. Il est penché en avant pour mieux voir et mieux entendre, il tire la langue et déploie les ailes, une petite queue rouge recourbée tranche sur le jaune de tout son corps. Ses pieds comme ceux de Malacoda sont en forme de pattes d'oiseau. Dante, pendant tout ce temps, fidèle aux recommandations de Virgile, se tient « tapi derrière un roc, qui lui offre un abri » et qui n'est autre chose, sur la miniature, que le parapet du pont.

Une fois le péril conjuré et les démons instruits par Malacoda d'avoir à ne pas frapper les deux voyageurs, Virgile invite Dante à sortir de sa cachette (Pl. XLIV, vv. 88-126).

C'est pourquoi j'avançais et à lui vins aussitôt,
et les diables se mirent tous en avant,
de sorte que je craignais qu'ils ne tinssent point le pacte.
Je me serrai de tout mon corps
contre mon guide et ne détournai pas les yeux
de leur aspect qui n'était pas bon.
Ils inclinaient les harpons, et « Veux-tu que je le touche
sur le croupion ? » disait l'un à l'autre.
Et ils répondirent : « Si, fais en sorte de le lui accrocher ».

Mais ce démon qui avait tenu le discours
avec mon guide se tourna prestement,
et dit : « Paix ! Paix ! Scarmiglione ».
Puis il nous dit : « Aller plus avant par ce
rocher, ce n'est pas possible parce que se trouve
tout brisé au fond le sixième arc.
« Et s'il vous plaît d'aller en avant néanmoins,
allez par le sommet de ce ravin,
tout près est un autre rocher qui fait chemin.
« Je mande de ce côté quelques-uns des miens,
pour regarder si quelqu'un prend l'air,
allez avec eux, car ils ne seront pas méchants ».

En disant ces paroles Malacoda montre la direction à suivre et la troupe des dix démons noirs, jaunes, verdâtres qu'il va envoyer faire le « tour de la poix bouillante » sous les ordres de Barbariccia. Quelques-uns de ces démons ont des pieds humains, d'autres les ont terminés en pattes d'oiseau, d'autres encore en sabot de cheval ; leurs cornes sont différemment plantées, leurs grimaces aussi hideuses que variées. Plusieurs d'entre eux déploient, comme Malacoda, leurs ailes crochues ; ils tiennent tous à la main une fourche ou un grappin. Par malheur, un grattage, pratiqué à mi-corps sur leur troupe tout entière, rend difficile le discernement de leurs gestes à chacun. Cette miniature avait d'ailleurs été détachée du feuillet auquel elle appartient et y a été recollée au moyen d'étroites bandes de papier transparent.

La miniature suivante (Pl. XLV, vv. 127-139) a été moins gravement maltraitée et on y distingue mieux la physionomie et l'attitude des membres de « la dizaine » conduite par Barbariccia. Celui-ci marche un peu en avant les ailes à demi ouvertes, tenant à la main son grappin en guise de canne et de bâton de commandement. Il a de larges oreilles, de grosses cornes tournées en spirales et ramenées en arrière ; ses cheveux sont hérissés, sa barbe ressemble à celle d'un bouc et des crocs sortent menaçants de chaque côté de sa bouche. Ses lèvres sont serrées et les ailes de son nez gonflées par la méchanceté, qu'on lit aussi dans ses yeux. En guise de queue le peintre lui a mis une trompette ; c'est une traduction un peu bien littérale du vers de Dante terriblement réaliste lui-même : *Ed egli avea del cul fatto trombetta.*

Derrière lui la troupe s'est formée sur deux rangs, et, au grotesque signal de son chef, elle s'est mise en marche en se dirigeant « par le bord de gauche ». On ne sait vraiment où le peintre est allé chercher ses modèles pour tant de figures horribles ; sans doute, pratiquant à rebours l'observation que d'autres font de physionomies diverses pour y recueillir, épars et isolés, chacun des traits qu'ils donneront avec leur ciseau à une statue d'une beauté idéale, il avait dû, lui, étudier de près les physionomies les plus repoussantes des gens des plus vicieux et les plus cruels qu'il pût trouver. Nous avons tous vu quelque chose des traits de son Barbariccia sur la figure de quelqu'une de ces mégères en furie qu'en langage familier nous avons qualifié de « vieille sorcière ». Combien de fois n'avons-nous pas ressenti une violente antipathie pour la bestialité froidement cruelle, que révèlent des lèvres larges et tombantes par les coins, comme celles de plusieurs des démons qui nous occupent? Quelle férocité dans la lèvre fendue, à la manière de celle des tigres, et dans le pli du front de Ciriatto, reconnaissable, au premier plan, « à ses défenses de sanglier ». Tout à l'arrière de la troupe on peut aussi discerner Draghignazzo, dont le nom signifie « laid dragon », et qui est en effet représenté de couleur verte, avec une tête de dragon.

De tels guides épouvantent Dante, qui tombe presque de frayeur sur l'épaule de Virgile, en lui disant, les yeux toujours fixés sur les démons :

« ..... mais allons y sans escorte,
si tu sais le chemin, car pour moi je ne la demande pas ».
Et lui à moi : « je ne veux pas que tu t'effraies,
laisse-les seulement grincer à leur aise,
car ils le font contre les malheureux bouillis »,

Chant XXII [1]. — Une lacune entre les feuillets 256 et 257 (*k*) du manuscrit doit avoir fait disparaître l'illustration du début du chant XXII. Au moment où nous les revoyons, les poètes se sont avancés sur la digue, aussi n'aperçoit-on plus les ponts, mais ils viennent de s'arrêter et ne portent plus leur attention « vers la poix, — pour voir toute la condition de ce fossé — et des gens qui y étaient consumés ». Un spectacle bien autrement horrible et tumultueux les sollicitent. Un des damnés, qui avait un moment mis la tête dehors pour respirer, ne s'étant pas assez tôt recaché à l'arrivée des démons,

Graffiacane, qui était plus près,
l'accrocha par ses cheveux poissés
et le tira au haut ; et celui-ci me parut comme une loutre.

Aussitôt toute la troupe se se ruer sur lui. Le grappin de Graffiacane n'est pas encore retiré de sa chevelure, que déjà « Rubicante enfonce en lui ses grands ongles et l'écorche…..

et Ciriatto, de la bouche duquel sortait,
de chaque côté, une défense comme à un porc,
lui fit sentir comment l'une d'elle déchire ».

Les autres démons s'apprêtent tous à maltraiter pareillement le malheureux, mais

[1] Pl. XLVI, fol. 259.

Barbariccia se retourne avec colère et leur commande de s'écarter immédiatement pour permettre à Virgile de continuer la conversation qu'il a engagée avec leur victime. Celle-ci, la figure horriblement contractée par la douleur, lève les yeux vers son interlocuteur et se fait connaître pour Giampolo de Navarre. Virgile se penche de son côté avec émotion et Dante, qui le premier a demandé « quel est ce malheureux — venu aux mains de ses adversaires », écoute avec une attention mêlée de terreur.

Dans le haut du tableau on voit un fond d'or, sur lequel on avait gravé des carreaux et des croix aujourd'hui très effacés. Un trait bleu et blanc entoure ce fond d'or.

Le reste de l'illustration de ce chant est perdu par le fait de la lacune *l*, entre les feuillets 263 et 264. On devait y voir Giampolo profiter de l'éloignement momentané de ses ennemis pour se replonger d'un bond dans l'étang de poix, où il disparut avant qu'un démon envolé à sa poursuite ait pu l'atteindre. Une lutte entre deux démons fut la conséquence de la colère qu'excita en eux la fuite de la victime qu'ils guettaient et cette lutte se termina par la chute des deux combattants dans la poix bouillante.

Chant XXIII [1]. — Pendant que Barbariccia faisait opérer par les autres

[1] Pl. XLVII, *lm.*, fol. XV ; — Pl. XLVIII, fol. 265 v° ; Pl. XLIX, fol. 273.

« malebranches » de sa troupe le sauvetage des deux démons tombés dans la poix, Virgile et Dante s'en allèrent plus loin, suivant toujours leur route à gauche. Le miniaturiste nous les montre (Pl. XLVII, vv. 1-36) s'en allant « l'un avant, l'autre après..... seuls et sans compagnie ». Mais la peur s'empare de nouveau du cœur de Dante :

Je pensais ainsi : C'est pour nous que ceux-là
ont été bernés, et avec un dommage et une farce
tels que je les en crois très ennuyés.

Si la colère au mauvais vouloir s'ajoute,
ils en viendront après nous, plus cruels
que le chien sur le lièvre qu'il va mordre.

..... je dis : « Maitre, si tu ne nous caches
toi et moi aussitôt, je m'épouvante
des Malebranches ; nous les avons déjà derrière nous,
je l'imagine si bien que déjà je les sens ».

En disant ces paroles Dante force le pas et relève sa robe pour marcher plus librement, il regarde Virgile d'un air suppliant. Celui-ci, assez peu rassuré lui-même, les bras levés, les yeux fixés dans la direction de la fosse inférieure, répond :

« S'il se trouve que la côte de droite s'abaisse,
de sorte que nous puissions descendre dans l'autre fosse,
nous fuirons la chasse appréhendée ».

— 112 —

Il n'avait pas achevé de rendre cet avis,
que je les vis venir les ailes étendues,
non pas très loin, dans le but de nous prendre.

En effet quatre de ces démons paraissent sur la gauche du tableau, ils accourent tendant leurs fourches et leurs crocs vers les poètes, le premier les désigne du doigt. Ces démons, semblables pour le reste à ceux des scènes précédentes, ont tous des pieds humains.

Dans le haut un champ de carreaux bleus et or, entouré d'un trait rouge à filet blanc, ajoute à l'éclat de cette miniature fort bien conservée. Un quadrillé blanc, dont les traits passent par la diagonale des carreaux bleus, complète cette ornementation.

La miniature suivante (Pl. XLVIII, vv. 37-57) représente la fuite des poètes devant les Malebranches.

Mon guide aussitôt me prit
comme une mère qu'un bruit réveille
et qui voit près d'elle les flammes s'élever...
Et en bas, du sommet de la dure rive,
le dos contre terre, il s'abandonna à la pente rocheuse
qui ferme l'un des côtés de l'autre fosse.

A peine ses pieds eurent-ils rejoint le lit
du bas fond que ceux-là furent au sommet de la colline,
au dessus même de nous, mais il n'y avait plus à craindre
parce que la haute Providence, qui les voulut
poser ministres de la cinquième fosse,
leur enleva à tous le pouvoir d'en sortir.

Dante, pelotonné dans les bras et sur les genoux de Virgile, dans une position fort difficile à dessiner, apparaît avec des proportions un peu trop réduites, il regarde en haut les

Malebranches qui défilent sur le rempart avec des mines dépitées et haineuses. Les trois derniers se penchent sur le bord pour mieux voir l'étonnante fuite, quant aux premiers ils en ont déjà pris leur parti et vont chercher ailleurs sur qui satisfaire leur colère et leur méchanceté.

Au-dessus du rocher d'enceinte se trouve un fond d'or entouré d'un large trait bleu et blanc.

Une miniature, découpée du fol. 267, devait être consacrée aux premiers pas des poètes dans le sixième cercle, celui des hypocrites, et à leur conversation avec Catalano de Bologne. La peinture qui nous reste (Pl. XLIX, vv. 109-226) les représente à côté des mêmes damnés, mais arrivés à l'endroit où à leurs yeux « se présenta un crucifié à terre avec trois pieux », qui n'est autre que Caïphe. C'est là qu'il expie l'hypocrisie dont il fit preuve lorsqu'il « dit en conseil aux Pharisiens, qu'il convenait — de mettre, pour le peuple, un homme au martyre ». Son châtiment consiste à être foulé aux pieds par les autres hypocrites, dont le supplice est ainsi décrit dans le poème :

Là-bas nous trouvâmes une gent peinte.
qui tournait à l'entour à pas très lents,
pleurant, et le visage fatigué et abattu.

Ils avaient des chapes avec des capuchons abaissés
devant les yeux, faits de la taille
dont on les fait pour les moines de Cologne.

En dehors, elles sont dorées, de sorte qu'elles éblouissent,
mais au dedans elles sont tout en plomb, et si pesantes
que celles de Frédéric eussent semblé de paille.

Les reflets d'or déposés sur ces chapes brunes sont véritablement « éblouissants », les plis qu'elles font sont fort bien dessinés et les malheureux qui les portent, marchent à pas lents en pleurant, avec le désespoir peint sur leurs traits. Catalano et Loderingo, à côté de qui se tient Dante, montrent Caïphe du doigt et Virgile le regarde avec étonnement, comme étant une chose postérieure à la première visite qu'il fît en ce lieu.

La partie supérieure de la miniature est peinte en rouge foncé, ornée d'arabesques jaunes et enfermée dans un cadre vert.

Chant XXIV [1]. — A force de s'avancer à leur gauche sur la digue d'abord, puis à travers le fond de la sixième vallée, les poètes en ont fait le tour et arrivent au-dessous des ruines du sixième pont. Il s'agit pour eux de les escalader (Pl. L, vv. 1-21) afin de visiter l'enceinte suivante. Virgile, le visage tourné vers Dante, « avec un aspect de douceur », lui montre d'une main les ruines du pont sur le côté supérieur de la vallée, et de l'autre celles, heureusement moins élevées (v. 35), par où il faudra gravir. Dante marche un peu en arrière de Virgile dont il saisit le manteau de la main droite, tandis que ses yeux et sa tête sont tournés en haut. Sur la gauche du tableau la théorie des damnés aux chapes de plomb s'avance avec

---

[1] Pl. L, *Im.*, fol. XVII v°; — Pl. LI, fol. 276 v°; — Pl. LII, *Im.*, fol. XIX; — Pl. LIII, fol. 277.

— 115 —

lenteur. On la voit encore à la miniature suivante (Pl. LI, vv. 22-42), mais elle a progressé un peu et six damnés au lieu de quatre y sont représentés. Ils répandent toujours d'abondantes larmes et suivent des yeux les poètes dont la visite a rompu un instant la monotonie de leur éternelle promenade. Ces derniers font effort pour atteindre le sommet de la digue qui domine la septième vallée.

Il (Virgile) tendit les bras, après quelque réflexion
qu'il fit avec lui-même, regardant d'abord
bien la ruine, et me tendit appui ;
et comme celui qui (en même temps) opère et estime,
de sorte que toujours il paraît voir en avant,
ainsi, me soulevant vers la cime
d'un gros bloc, il avisait une autre roche,
disant : « Accroche-toi encore à celle-là,
mais essaie d'abord si elle peut te supporter ».

Cette voie n'était pas pour ceux qui portent chape;
car à peine, lui léger, moi soulevé,
pouvions nous monter d'arête en arête.
Et si ce n'eut été que de cette enceinte
plus que de l'autre cette côte était courte,
je ne sais pour lui, mais moi j'eusse été vaincu.
Mais parce que Malebolge vers la porte
du puits d'en bas [1] est tout penché,
la structure de chaque vallée porte

qu'une côte s'élève et que l'autre descend.
Cependant nous parvînmes enfin sur la pointe
d'où la dernière pierre se détache.

---

[1] Vers le neuvième cercle de l'enfer.

La représentation de cette scène était fort malaisée et il faut bien avouer que l'artiste n'y a pas pleinement réussi. Il a beau donner à son Dante l'expression de figure d'un homme exténué de fatigue, on ne se rend pas compte, à la vue du petit amas de pierres qu'il s'agit de franchir, de la nécessité des efforts décrits dans le poème. L'aide fournie par Virgile ne paraît pas moins superflue. La manière dont il soutient Dante et le hisse au sommet n'est d'ailleurs pas heureuse non plus ; sa main gauche serait mieux placée et d'une utilité plus vraie en vue du but a atteindre, si, au lieu de venir s'appliquer sur la poitrine de Dante, elle était employée à le pousser en haut par la hanche ou l'aisselle. Cette miniature garde toutefois le mérite d'une fidélité à peu près littérale au texte qu'elle traduit, et quant au défaut que nous y avons signalé, difficilement l'artiste pouvait-il l'éviter. Ce défaut provient en effet d'un certain manque de proportion entre les dimensions sous lesquelles sont représentés les personnages et celles données au lieu où se déroule la scène ; il n'est donc pas spécial à ce tableau, il s'y accuse seulement plus qu'en d'autres et révèle une science encore incomplète de la perspective. Bien loin d'en être surpris, nous devons au contraire nous étonner de n'en n'être pas plus souvent frappés, si nous pensons à la difficulté de cette science et aux applications encore si incomplètes qu'en savaient faire la plupart des peintres de l'époque.

Arrivés sur la digue, Dante n'en peut plus (Pl. LII vv. 43-60), il s'asseoit à terre, mais Virgile, debout devant lui, le semonce : *Seggendo in piuma i fama no se uien*.

« Maintenant il convient de laisser la poltronnerie,
dit le maître, parce que à se reposer sur la plume
ou sous les couvertures, on n'arrive pas à la gloire.
Et celui qui sans celle-ci consume sa vie,
sur terre de soi ne laisse vestige,
comme la fumée dans l'air comme sur l'eau l'écume.
Lève-toi donc et vainc l'essoufflement
avec l'âme qui vainc toute bataille,
si avec le corps pesant elle ne s'énerve pas.
Un plus long escalier il conviendra de monter,
il ne suffit point d'être parti loin de ceux-ci.
Si tu m'entends, fais que cela te serve. »

L'attitude de Dante est particulièrement remarquable pour le naturel avec lequel tombent sa tête et ses bras ; ses lèvres sont pendantes, son regard profond est fixé à terre. Ce ne sera pas trop de toute l'éloquence de Virgile pour rendre le courage et l'énergie à un homme ainsi exténué. Il y arrivera pourtant et Dante va se lever pour continuer la route, en disant :
« Va ! car je suis fort et hardi ! »

Avant de le suivre, il faut encore noter ici l'ornementation placée dans la partie supérieure des trois dernières miniatures que nous venons d'étudier. La première (Pl. L) contient un motif que nous n'avons encore pas rencontré. Les carrés qui en forment le fond sont dessinés par des traits verdâtres, et l'intérieur même des carrés est divisé en quatre triangles égaux par le croisement de leurs diagonales. Les deux triangles latéraux sont peints en vert, celui d'en-haut en jaune, et son vis-à-vis inférieur est ombré de noir. Tout autour de cette ornementation court un encadrement rouge traversé d'un filet blanc. A la planche LI nous retombons dans un modèle déjà connu ; sous un encadrement semblable au précédent s'étend un champ bleu de ciel, orné d'arabesques d'or. Enfin la planche LII reproduit le même dessin avec les mêmes couleurs bleue et or, que nous avons vus à la planche XLVII.

Mais nous voici à la septième vallée du Malébolge, où les voleurs des choses sacrées et ceux aussi des choses non consacrées sont châtiés de leurs fautes. Les poètes ont traversé l'arche qui domine cette fosse. Ne pouvant de cette hauteur, ni même du haut de la digue qui limite la vallée suivante, en distinguer le fond, ils y sont descendus (Pl. LIII, vv. 61-99).

J'y vis au milieu un terrible tas
de serpents, et de si diverses sortes
que la mémoire encore m'en gâte le sang.
Qu'on ne parle plus de la Lybie et de ses sables !
car si les chelydres [1], les jets et les pharées,
les cenchris et amphisbènes s'y produisent,
 avec des serpents ils avaient les mains liées derrière le dos,
 ceux-là passaient à travers les reins la queue
 et la tête, et par devant formaient un groupe.

tant et de si méchants êtres empestés
elle ne montra jamais, avec toute l'Ethiopie
et avec ces pays qui sont sur la mer Rouge.
Au milieu de cette cruelle et si triste multitude
couraient des gens nus et épouvantés;
sans trouver ni pertuis, ni héliotropes [2]:

Ces serpents de diverses espèces sont représentés avec un admirable luxe de coloris et une grande finesse de pinceau, il y en a de verts et de noirs à ventre rouge, d'autres sont gris-

---

[1] Noms de serpents au sujet desquels les commentateurs ne sont pas entièrement d'accord.
[2] Les anciens attribuaient à cette pierre précieuse la vertu de rendre invisible qui la portait.

jaune. Chacun des cinq damnés représentés là en est chargé et en a les mains liées sur le dos. Ces malheureux courent devant eux mais sans y gagner aucun soulagement, ils lèvent leurs yeux vers le ciel, qu'ils blasphèment intérieurement dans la rage où les met leur tourment. Outre les serpents on voit encore deux dragons ailés, dont l'un apparaît complètement à droite du pont, il est d'un vert brillant, avec des parties rouges et il tire sa langue acérée pour piquer un malheureux « là où le cou aux épaules se noue ». Nous retrouverons ce personnage à la miniature suivante, prononçant un blasphème à la fin d'une conversation avec les poètes, conversation dont la représentation fait défaut dans l'état actuel de notre série d'illustrations. Dante, à demi caché par la digue au pied de laquelle il est descendu, regarde tout cela avec une craintive attention, penché sur son guide et protecteur qui, placé devant lui, tourne en ce moment la tête de son côté. Par une exception unique dans la vaste série des personnages qui ont défilé sous nos yeux, la figure de Virgile n'a pas été terminée ici et l'on n'en voit que l'ébauche. Au dessus du rocher qui entoure ces scènes d'horreur, s'étend un fond d'or avec des arabesques gravées à la pointe sèche. Un trait rouge à filet blanc en forme l'encadrement.

Chant XXV. [1] — Aussitôt après avoir été piqué par le dragon ailé, Vanni Fucci,

[1] Pl. LIV, fol. 284 ; — Pl. LV, fol. 285 v° ; — Pl. LVI, fol. 293 ; — Pl. LVII, fol. 294 ; — Pl. LVIII, fol. 295.

coupable d'avoir volé des ornements sacrés de la cathédrale de Pistoia, tomba en poussière, puis, comme autrefois le Phénix, renaquit de ses cendres. Interrogé par Virgile il avoua son crime, et après une sortie contre Florence, terminée par une prophétie de malheur relative à Dante, il s'éloigna en blasphémant Dieu. C'est à ce moment que nous le voyons à la planche LIV (vv. 1-16).

A la fin de ces paroles, le voleur
leva les mains et des deux fit la figue,
criant : « Prends-les, Dieu ! à toi je les adresse ! »

et un autre autour des bras, et le lia,
se repliant lui-même au devant,
de sorte qu'il ne pouvait les secouer.

Depuis lors toujours les serpents furent mes amis,
parce que l'un d'eux s'enroula autour de son cou,
comme s'il disait : « Je ne veux pas que tu en dise
[davantage ».

Ce misérable tient en effet les bras tendus en l'air, il fait avec les doigts le signe de mépris qu'on appelait alors « faire la figue », et il crie avec rage : *tolle dio chiote | le squadro*. La contraction de ses traits dit plus encore la méchanceté que la souffrance. Les autres damnés conservent à peu près le même aspect que dans la miniature précédente. Dante et Virgile regardent attentivement la punition du blasphème qu'ils viennent d'entendre.

Dans le haut du tableau un fond bleu orné d'arabesques jaunes et entouré d'un trait vert en achève l'ornementation. Malheureusement cette miniature est très mutilée. Détachée du manuscrit, elle y a été recollée au moyen de bandes de papier transparent, qui en font tout le tour. Ce même papier a servi encore à garnir un espace vide provenant d'une lacération du parchemin, pratiquée à gauche du pont, justement sur le corps d'un damné dont on ne voit plus que la tête. Les autres personnages ont aussi subi des grattages.

La miniature suivante, un peu mieux conservée, a subi cependant aussi de semblables avanies (Pl. LV, vv. 17-33); toutes les nudités en sont effacées. On y voit dans le haut un fond à losanges bleus et rouges ornés de petites croix, puis au dessous, dans la vallée elle-même, le Centaure Cacus passe au galop criant : « Où est-il, où est-il le sauvageon »? Il veut châtier encore Vanni Fucci. Sur son dos, « les ailes ouvertes, lui est attaché un dragon », qui lance des flammes par la gueule, et, autour de ce monstre, tout un nid de serpents noirs et jaunâtres, dont les couleurs contrastent avec le vert du dragon. Cacus court rapidement, la queue dressée, les bras levés en avant. Sur son passage les damnés se tirent de côté pour éviter son atteinte. Dante, qui est entièrement tourné de son côté, ne nous apparaît que de dos. Quant à Virgile il regarde en avant du côté où Vanni Fucci a disparu de la scène. Il l'aperçoit sans doute encore à droite, à une distance où les limites de la miniature ne nous permettent pas de le voir, mais où Cacus le rejoindra bientôt.

Les lacérations du manuscrit aux feuillets 287 et 290 ont fait disparaître la fin de cette scène, comme aussi la représentation de l'arrivée de trois damnés florentins, dont l'un, Agnello Brunelleschi, fut incorporé sous les yeux des deux autres, à une sorte de serpent à six pattes. Cette compénétration des deux êtres achevée, la forme nouvelle s'en alla à pas lents. A défaut de cette transformation, les trois miniatures que nous allons maintenant étudier (LVI et suiv.) représentent une double métamorphose non moins terrifiante. Agnello Brunelleschi étant parti, il ne reste plus en scène que deux des voleurs florentins arrivés ensemble tout à l'heure. Ce sont Puccio Ciancato et Buoso delli Abbati, on les voit debout (Pl. LVI, vv. 79-120) sous la forme de deux grands ombres amaigries et épouvantées. Des serpents de toutes espèces fretillent partout, comme aux miniatures précédentes. Mais voici qu'arrive, sur la droite du tableau, un dragon à quatre pattes, ou si l'on veut une sorte de crocodile au poitrail rouge, qui n'est autre que Guercio Cavalcante. Il a piqué au nombril Buoso delli Abbati. Ils se regardent l'un l'autre ; de la bouche du monstre s'échappe une fumée et une fumée semblable sort du nombril de Buoso.

Comme le lézard sous les grandes verges
    des jours caniculaires, changeant de haie
    semble l'éclair, s'il traverse la voie,
ainsi paraissait, venant vers le ventre
    des deux autres, un serpenteau furieux,
    livide et noir comme un grain de poivre.

Et cette partie par laquelle nous prenons le premier
    aliment, il la transperça à l'un d'eux
    puis il tomba étendu devant lui.
Le transpercé le regarda mais ne dit rien,
    et même sur ses pieds raidis, il baillait   [saillait.
    absolument comme si le sommeil ou la fièvre l'as-

— 123 —

Il regardait le serpent et celui-ci de même.
L'un par la plaie et l'autre par la bouche
fumait fortement et la fumée se rencontrait.

C'est alors que la transformation s'opère ; elle commence par les parties inférieures. Le monstre garde encore sa tête, mais déjà ses quatre pattes s'étendent, les deux d'arrière en forme de pieds humains, celles de devant en forme de mains humaines. Buoso, lui, est déjà serpent par le bas du corps et par les pattes. Malgré la mutilation de la miniature on aperçoit encore un peu les pattes inférieures.

Ensemble ils se répondirent de telle manière
que le serpent fendit sa queue en fourche
et le blessé serra ensemble les pieds.
Les jambes et les cuisses entre elles
tellement se soudèrent qu'en peu la jointure
ne laissa plus aucune trace qui apparût.
La queue fendue prenait la figure
qui se perdait chez l'autre, et sa peau
se faisait molle, et celle de l'autre dure.

Je vis entrer les bras dans les aisselles,
et les deux pieds de la bête qui étaient courts
autant s'allonger que s'accourcissaient ceux-là.
Puis les pieds de derrière ensemble contournés
devinrent le membre que l'homme cache,
et le malheureux du sien en fit deux qui s'allongèrent,
pendant que la fumée l'un et l'autre voile
de couleur nouvelle, et engendre le poil à la surface
d'une part, et de l'autre épile.

Au tableau suivant (Pl. LVII, vv. 121-135) Buoso est tombé avec son corps de monstre sur ses quatre pieds, et ne possède plus que sa tête d'homme ; Guercio a levé son corps humain, et ne possède plus que sa tête de monstre. La transformation se continue et, aussitôt qu'elle est achevée, Buoso s'en va à droite (Pl. LVIII, vv. 136-141) tout couvert d'écailles noirâtres, avec le dessous du corps rouge, une tête pointue et allongée, armée de redoutables mâchoires entre lesquelles sort sa grande langue bifurquée.

L'un se leva, l'autre tomba à terre,
mais sans détourner leur regard impie
sous lequel chacun changeait de visage.

L'un qui était devenu bête,
s'enfuit en sifflant dans la vallée,
et l'autre après lui crache en parlant.

Rien de plus dramatique et de plus poignant que ce spectacle, vraiment il donne le frisson et l'on comprend que pendant toute sa durée Virgile, Dante et Puccio le contemplent immobiles et stupéfiés, avec à peine quelques mouvements des mains et des bras qui répondent à l'accroissement de leur émerveillement et de leur effroi. Autour d'eux la scène continue d'ailleurs à être toute encombrée de serpents et de dragons aux couleurs éclatantes. Les serpents sont parfois assez exactement dessinés, avec des têtes triangulaires chargées d'écailles disposées à peu près comme le sont celles des couleuvres ou des vipères. Au dessus de ce nid de monstres et des murailles qui l'enserrent, on voit à la planche LVI un fond bleu, orné de dessins or et entouré d'un trait rouge à filet blanc. Ce même encadrement reparaît aux deux miniatures suivantes enfermant la première fois un carrelé or, bleu et rouge, la seconde fois un champ d'or à arabesques également or.

Chant XXXVI[1]. — Ce chant débute par quelques invectives de Dante contre Florence (vv. 1-12) d'où tant de voleurs tombent au septième cercle de l'enfer, mais le récit du voyage continue.

> Nous partîmes et en haut, par l'escalier
> que les bornes nous avaient fait pour descendre d'abord.
> remonta mon guide et il me traîna après lui.

C'est à ces quelques vers que se rapporte la miniature reproduite à la Pl. LIX (vv. 13-15). Tournant le dos aux dragons et aux reptiles de la septième vallée, les poètes remontent sur la digue qui domine la huitième. Dante éprouve quelque difficulté à cette ascension, mais Virgile l'y aide en le tenant par la main gauche, pendant que lui-même de la droite se cramponne aux aspérités du rocher. Au dessus de cette scène fort simple, le miroitement des petits carreaux bleus et or de la partie supérieure du tableau en augmente l'agrément pour l'œil.

A la miniature suivante (Pl. LX, vv. 16-42) les poètes montent vers le sommet du pont qui surplombe la huitième vallée, celle des damnés par fourberie. Virgile s'avance lentement, son geste et la flexion de son corps montrent admirablement les précautions qu'il prend à travers les difficultés du passage. Quant à Dante il « poursuit la voie solitaire » — parmi les arêtes et les

[1] Pl. LIX, fol. 296 v°; — Pl. LX, fol. 298; — Pl. LXI fol. 298 v°.

blocs de rochers, — où le pied sans la main ne se dépêtrait pas ». Il est fort attristé du spectacle que lui présente le fond de la fosse.

... De flammes resplendissait tout entier
le huitième bouge, comme je m'en aperçus
aussitôt que je fus où m'apparut le fond.

On distingue en effet au dessous du pont l'extrémité de flammes rouges, dont « aucune ne montre ce qu'elle dérobe » à la vue, c'est à dire « le pêcheur qu'elle enveloppe ». Les rochers de l'enceinte portent un reflet rougeâtre et au dessus d'eux des traits d'or divisent l'espace circonscrit par un triple filet vert, blanc et noir, en compartiments de forme gracieuse, alternativement bleus et rouges, ornés chacun d'une croix d'or croisetée.

Bientôt les poètes arrivent à la pente opposée du pont (Pl. LXI, vv. 43-142).

J'étais sur le pont, me dressant pour voir,
si bien que, si je n'avais pris une saillie,
je serais tombé au fond sans être heurté.
Et mon guide qui me vit si attentif,
me dit : « Dans les feux sont les esprits,
chacun s'enveloppe de celui qui le brûle »...

« Qui est dans ce feu [1] qui vient ainsi divisé
en haut, qu'il semble surgir du bûcher
où Etéocle avec son frère fut mis » ?
Il me répondit : « Là dedans sont punis
Ulysse et Diomède, et ainsi ensemble
au châtiment ils courent comme à la violence.

[1] C'est Dante qui parle ici.

Et dans cette flamme ils gémissent
sur la ruse du cheval qui fit la porte
par où sortit des Romains la noble race.

Là dedans se pleure l'artifice pour lequel après la mort
de Deidamie s'afflige encore Achille ;
là du palladium (ravi) se porte la peine ».

Virgile engage ensuite une conversation avec ces deux Grecs. « La plus grande corne de l'antique flamme — commença à s'agiter en murmurant..... puis menant la cîme çà et là..... elle jeta hors une voix ». Ulysse raconte alors l'histoire, demeurée inconnue, de son naufrage et de sa mort avec tous ses compagnons, dans la mer « au delà de cette gorge étroite — où Hercule marqua ses limites ». Dante écoute avec avidité les paroles du vieux héros, qui donne à son odyssée un dénouement bien différent de celui rapporté dans Homère. Il s'appuie sur le rebord du pont et, par la violence de son « désir, se plie vers la flamme » parlante. Virgile le retient de sa main droite par les épaules, de l'autre il désigne la flamme à laquelle il va s'adresser. A l'intérieur de chacune des flammes rouge-feu qui remplissent cette vallée on voit de petites têtes rouges aussi, fort bien dessinées et très expressives de tristesse morne et abattue. Ce procédé très littéral de traduction pittoresque des vers de Dante avait été employé bien avant l'époque de notre illustration. On le trouve en effet dans le précieux exemplaire de la Divine Comédie du XIVe siècle, conservé à la bibliothèque du Séminaire épiscopal de Padoue, qui fut illustré par quelque élève de Giotto et de même dans le codex N° 276 (XIVe siècle), classe IX des mss. italiens de la Bibliothèque marcienne de Florence ; mais au lieu d'une simple tête, c'est un personnage en pied qui est représenté dans ces antiques et médiocres vignettes. Par contre Botticelli traça seulement une tête, tout comme notre miniaturiste, au sein de la flamme qui figure dans la planche N° 10 du codex bien connu de la Bibliothèque nationale de Florence.

Dans la partie supérieure du tableau qui nous occupe, des arabesques jaunes ressortent sur un fond bleu encadré d'un trait vert et blanc.

Chant XXXVII [1]. — La miniature consacrée à ce chant est fort semblable à la précédente. La flamme à double cîme s'éloigne sur la droite et d'autres, toutes ornées d'une petite tête, s'avancent de gauche à droite, en passant sous le pont. L'une d'elle enferme l'âme de Guido de Montefeltro, qui s'accuse d'avoir donné de funestes conseils au « prince des nouveaux pharisiens », Boniface VIII. Dante l'écoute « vers le bas attentif et incliné », il fait le geste de la conversation, tandis que Virgile se tient à sa gauche, et « le touche du coude au côté », en regardant la flamme de Guido, comme pour dire : « Parle, toi, celui-ci est latin ». Le haut du tableau entouré d'un trait vert, blanc et noir, est orné d'un fonds bleu à arabesques blanches.

---

[1] Pl. LXII, *Im.*, fol. XXI.

Chant XXVIII[1]. — La miniature consacrée à ce chant est une des plus remarquables du manuscrit pour l'exactitude des détails. Les poètes, « passant en avant..... par le rocher, jusque sur l'autre arc — qui couvre le fossé », sont arrivés au dessus de la neuvième vallée de Malebolge où « se paie la peine de ceux qui, en jetant discordes, s'acquirent leur charge ». Penchés sur le rebord du pont, ils regardent le défilé de ces malheureux taillés, percés, mutilés, pour la description duquel « toutes les langues certainement deviendraient insuffisantes... car pour tout contenir elles ont le sein trop étroit ». Les yeux de Dante en sont « tellement enivrés, qu'ils sont désireux de s'arrêter à pleurer ». Virgile ne regarde pas avec une moindre curiosité et une moindre compassion. Leur attitude et leurs gestes à tous deux sont arrêtés dans une pose forcée qui s'explique par l'étrangeté du spectacle offert à leur vue. Les vers 22 à 142 seraient à citer du premier au dernier pour le décrire exactement. A défaut d'une si longue citation, contentons-nous du résumé qu'en donne M. Auvray : « Voici en partant de la droite, la suite des personnages représentés dans cette miniature : Ali, le visage fendu depuis le crâne jusqu'au menton (v. 33) ; derrière lui, Mahomet, la poitrine déchirée, s'écriant : *Vedi como scipato è Machometo* (v. 31) ; derrière Mahomet, Pier de Medicina, la gorge percée, le nez coupé et une oreille tranchée (vv. 63-65) ; il ouvre la bouche de Curion (v. 95) et montre que ce damné

[1] Pl. LXIII, fol. 366.

a subi l'amputation de la langue (v. 101). Ensuite vient Mosca dei Lamberti, levant ses deux bras mutilés (v. 104). Puis c'est Geri del Bello, qui regarde Dante d'un air menaçant et le montre du doigt (XXIX, v. 26) et Bertran de Born, portant sa tête dans sa main (v. 121). Enfin, après Bertran de Born, un damné dont les blessures venaient de se refermer, et sur lequel le démon a déjà levé de nouveau son glaive (vv. 39-42) ». Ce démon fait avec sa grande épée la besogne expliquée par Mahomet :

« Et tous les autres que tu vois ici, Un diable est là derrière qui nous hache
semeurs de scandales et de schismes [fendus. ainsi cruellement, et à la taille de l'épée
ils furent dans leur vie ; c'est pourquoi ils sont ainsi remet tous ceux de cette condition,
quand nous avons fait le tour du douloureux chemin,
parce que les blessures sont refermées
avant qu'un de nous revienne en sa présence ».

Ce chef-d'œuvre n'a pas échappé au grattoir de la personne qui s'est acharnée à effacer toutes les nudités du manuscrit, elle a été comme tant d'autres gravement endommagée. La partie supérieure en est ornée d'un fond bleu à dessins d'or encadré d'un trait rouge à filet blanc.

— 131 —

Chants XXIX [1] *et XXX* [2]. — Ces deux chants sont consacrés à la dixième et dernière vallée du huitième cercle où les faussaires subissent leur châtiment et parmi eux les alchimistes et les faux monnayeurs. Cinq miniatures devaient en former autrefois l'illustration, trois seulement subsistent encore. Dans la première (Pl. LXIV, ch. XXIX, vv. 52-139) les poètes, après avoir traversé le pont, sont « descendus sur la dernière rive », et s'en vont « à gauche ». A l'extrémité du tableau ils aperçoivent devant eux un « entassement » de damnés, couchés qui sur le ventre, qui sur les épaules d'un autre. Près d'eux il voient un groupe plus nombreux de malheureux recouverts d'une lèpre hideuse et brûlante. Dans la rage qu'ils éprouvent de leurs souffrances, tous se déchirent eux-mêmes en promenant les ongles sur leur corps plus rapidement que « jamais ne mena l'étrille valet regardé par son maître ». Leurs poses sont admirables de réalisme et impressionnent fortement; celui qui, placé au second plan, se déchire des deux mains la poitrine et rejette la tête en arrière, semble bien subir une crise de démangeaison arrivée à son paroxysme ; cet autre, plus à gauche, que nous voyons par derrière, et qui se gratte le dos de la main droite tout en levant la jambe pour frapper le sol, éprouve, lui aussi, l'impatience naturelle aux gens nerveux affligés de

---

[1] Pl. LXIV, fol. 327 v°.
[2] Pl. LXV, fol. 332 ; — Pl. LXVI, fol. 345 v°.

brûlures ou de picottements violents et prolongés. C'est à deux de ces lépreux « assis, l'un à l'autre appuyés », que s'adressa Virgile pour savoir « si quelque latin est parmi ceux qui sont ici dedans ». Aussitôt ils « rompirent leur commun support » et se tournèrent vers Dante. C'est le second qui parle en ce moment. Siennois lui-même, il invective contre Sienne, déclare se nommer Capocchio et s'être damné par l'alchimie. Pendant ce temps son compagnon, Griffolino d'Arezzo, regarde tristement à terre et ses ongles continuent sans relâche leur répugnante besogne. Dante, la tête levée, porte sur ses traits l'expression du dégoût causé en lui par la puanteur, « semblable à celle de membres pourris », qui s'exhale de cette fosse. Ces fétides émanations sont représentées par des fumées qui s'élèvent au-dessus des damnés (v. 99) couchés le plus à droite de la fosse et aussi à gauche sous le pont. Le haut du tableau est orné d'un champ d'or environné d'un trait bleu.

La miniature suivante (Pl. LXV, ch. xxx, vv. 1-45), lacérée en deux endroits et recollée au feuillet dont elle avait été découpée, représente les mêmes personnages, mais le discours de Capocchio est interrompu par l'irruption de

... deux ombres blêmes et nues,
qui couraient en mordant de la même manière
que le porc quand il échappe de sa porcherie.

L'une rejoignit Cepocchio, et sur le nœud
du cou le mordit si fort que, le mordant,
elle lui fit gratter le ventre sur le fond solide,

Celui-là est Gianni Schicchi, célèbre faussaire de Florence. Pendant qu'il maltraite ainsi l'alchimiste Siennois, l'autre ombre enragée s'enfuit plus loin, c'est Myrrha, « la scélérate, qui se falsifiant dans la forme d'une autre, devint, en dehors du droit amour, l'amie de son père ». Tous les lépreux regardent avec effroi la bestiale férocité de Gianni Schicchi et Dante s'adresse à Griffolino pour savoir quel est ce nouveau venu. Un fond bleu à ornements blancs encadré de vert achève le tableau.

Continuant leur route à gauche (Pl. LXVI, vv. 46-99), Virgile et Dante arrivent auprès, de maître Adam, faux monnayeur de Brescia, tourmenté par l'hydropisie qui disproportionne ses membres, « de sorte que le visage ne répond plus au ventre ». La soif le mine et autant son ventre est enflé autant ses membres, sa poitrine et sa tête sont amaigris. Sa figure fait mal à voir, avec ses traits contractés et desséchés, et ses lèvres ouvertes, « renversées l'une vers le menton, et l'autre en haut ». A sa droite deux misérables, « qui fument comme une main baignée en hiver », gisent près l'un de l'autre.

L'une est la faussaire qui accusa Joseph,
l'autre est le grec faussaire Sinon de Troie ;
c'est par une fièvre aigue qu'ils jettent tant de fumée huileuse.

Plus heureuse que la précédente cette miniature est bien conservée, à peine le groupe

— 134 —

des alchimistes resté derrière les poètes a-t-il subi un léger grattage. Un losangé bleu et rouge, dessiné en traits d'or et orné de croix d'or croisetées, y ajoute un vif éclat. L'encadrement est rouge à filet blanc.

Les découpures pratiquées sur les feuillets 349, 351 et 356 ont fait disparaître l'illustration du reste de ce chant et celle du début du chant suivant.

Chant XXXI [1]. — Au bord du puits de l'abîme du neuvième cercle, Virgile et Dante aperçoivent les géants qui, debout, dépassant la rive depuis la ceinture, semblent des tours placées là pour garder l'entrée du dernier giron infernal. Les deux miniatures subsistantes relatives à ce chant montrent seulement Ephialte et Antée. Ephialte est solidement garotté (Pl. LXVII, vv. 82-111) « le bras gauche derrière et le droit devant », il a « l'air farouche », s'étant tout d'un coup secoué il fit trembler si effroyablement la terre que Dante en faillit mourir de frayeur. Le peintre nous le montre en effet se retournant à demi, hâtant le pas pour fuir et faisant des deux bras le geste d'un homme qui cherche à se protéger contre un danger soudain. Son guide marche à ses côtés; ils s'avancent du côté d'Antée. C'est à ce géant que Virgile s'adresse en effet (Pl. LXVIII, vv. 112-132) pour se faire descendre avec son compagnon jusqu'au fond

---

[1] Pl. LXVII, fol. 359; — Pl. LXVIII, fol. 361.

du dernier cercle. Il lui parle avec courtoisie et déjà Antée étend les bras pour se prêter au désir qu'on lui exprime. Dante le regarde d'un air qui ne laisse pas de doute sur ses impressions : « ..... et cette heure fut telle, que j'aurais voulu aller par un autre chemin ». Tandis que la miniature précédente est ornée dans le haut d'un fond brun orné d'un losangé et de petites croix d'or, celle-ci a été enrichie d'un fond or. Les deux ont le même encadrement vert traversé d'un filet blanc.

Chant XXXII[1]. — Au moment où nous revoyons les poètes, non seulement ils sont au neuvième cercle, celui des traîtres, mais déjà ils en ont parcouru le premier compartiment ou Caïnite, réservé à ceux qui ont trahi leur famille. Arrivés au second compartiment, dit d'Anténor, celui des traîtres à la patrie, ils y trouvent les damnés pris dans une glace épaisse et verdâtre (Pl. LXIX, vv. 124-139) claquant des dents, le visage baissé, la tristesse de leur cœur peinte dans leurs yeux. L'un de ces malheureux, dont le crâne est entièrement dénudé et qui occupe le haut de la miniature, doit être Bocca delli Abati, à qui Dante arracha la chevelure pour le forcer à dire son nom (vv. 97-105). Mais déjà les poètes portaient leur attention sur deux autres glacés, dont « l'une des têtes de l'autre était le chapeau ».

[1] Pl. LXIX, fol. 370 v°.

Et comme dans la faim on mange le pain,
ainsi celui d'en haut posa les dents sur l'autre,
là où le cerveau se rejoint à la nuque.

Epouvanté de cette horrible scène, Dante s'enquiert du motif de la rage qui l'inspire :

O toi qui montres à un si bestial signe
ta haine sur celui que tu manges,
dis-moi le pourquoi, lui dis-je, à cette convention,

que si à raison de lui tu te plains,
sachant qui vous êtes et quels sont ses péchés,
dans le monde d'en haut je t'en fasse encore l'échange,
si celle (langue) par laquelle je parle ne se dessèche pas.

Ces deux damnés sont l'archevêque Ruggieri delli Ubaldini, reconnaissable à sa large tonsure, et la victime de sa traîtrise, Ugolino della Gherardesca. Ce dernier plante ses dents dans la nuque de Ruggieri avec une rage et une bestialité féroces. Virgile écoute et regarde avec un calme mêlé cependant de quelque surprise. Le haut du tableau est formé d'un champ d'or entouré d'un trait bleu et blanc.

Chant XXXIII [1]. — La miniature suivante (Pl. LXX, vv. 1-75) ressemble pleinement, pour la disposition des lieux et des personnages, à celle que nous venons de décrire, mais

---

[1] Pl. LXX, fol. 371 v°.

Ugolino, répondant à la question de Dante, « a soulevé sa bouche de son horrible pâture et essuyé ses dents aux cheveux de la tête qu'il a détruite par derrière ». Il tient toujours Ruggieri serré contre lui, afin de recommencer bientôt l'acte de sa vengeance, mais en attendant il lève vers Dante sa figure creusée par « la douleur désespérée qui, seulement d'y penser, lui oppresse le cœur avant qu'il parle ». Il raconte alors la pathétique histoire de sa mort et de celle de ses fils dans la Tour de la faim. L'horreur sublime de ce récit tient Dante et Virgile suspendus aux lèvres du malheureux père. Dante abaisse la tête et laisse pendre le bras droit comme anéanti par la compassion que lui inspire Ugolino. A ce sentiment s'en ajoute encore un autre : la tristesse qu'on lit sur ses traits n'est point une tristesse résignée, un simple attendrissement sur les malheurs d'autrui, la colère vient s'y ajouter et l'abomination en laquelle il tient cet archevêque félon, lâche auteur de tant et de si injustes misères. Au-dessus de cette scène de mort et de sang, un fond rouge avec des ornements d'or s'harmonise bien avec l'ensemble du tableau.

Chant XXXIV[1]. — Sortant du compartiment des traîtres à la patrie, Virgile et Dante traversent encore celui des traîtres à leurs amis ou *Tolomea* et arrivent enfin à

---

[1] Pl. LXXI, fol. 379 v°.

l'extrême limite de leur voyage infernal, au lieu où Lucifer expie sa rébellion contre Dieu (Pl. LXXI, vv. 1-54).

Comme quand un gros nuage souffle,
ou quand notre hémisphère s'entoure de nuit
apparaît de loin un moulin que le vent fait tourner,
tel parut alors un édifice à ma vue.
Puis à cause du vent je me serrai derrière
mon guide, parce qu'il n'y avait aucun autre abri.
Déjà j'étais (et avec peur je le mets en vers)
là où les ombres étaient toutes couvertes
et transparaissaient comme un fétu dans la vitre.

Les unes sont gisantes, les autres se dressent,
celle-ci sur la tête, celle-là sur les pieds,
un autre comme un arc tourne le visage vers les pieds.
Quand nous fûmes assez avant
qu'il plût à mon maître de me montrer
la créature qui eut le bel aspect,
il me prit devant lui et me fit m'arrêter,
disant : « Voici Dité, et voici le lieu
où il convient de t'armer de force ».

On voit sur la miniature, autour des poètes, des damnés dans toutes les positions décrites ci-dessus, puis, à droite de la composition, Dité qu'une couche de noir dissimule à peu près complètement aujourd'hui. Ses grandes ailes apparaissent cependant encore un peu et même sa figure, mais pas suffisamment pour que nous puissions nous rendre un compte exact de la traduction que donna le peintre de la description contenue aux vers 28-54 de ce chant.

Cette miniature mutilée ferme la série actuellement subsistante des peintures dont nous venons de parcourir les restes précieux. Arrivé au terme de ma tâche, un double regret s'empare de moi ; celui de n'avoir pu que fort imparfaitement réaliser le but que je m'étais proposé et celui de n'avoir pas le talent de consacrer à l'artiste anonyme dont l'œuvre m'a procuré de si agréables instants, quelque durable monument d'admiration, quelques strophes comparables à celles que M. de Hérédia adressa un jour au tragédien Rossi, après une récitation de Dante :

« Car j'ai goûté l'horreur et le plaisir sublimes,
Pour la première fois, d'entendre les trois rimes
Sonner par ta voix d'or, leur fanfare de fer ;

Et rouge du reflet de l'infernale flamme,
J'ai vu, — j'en ai frémi jusques au fond de l'âme —
Alighieri vivant dire un chant de l'Enfer.

Du moins conclurai-je en répétant que l'Alighieri n'eut pas différemment illustré ses vers, si, non content de prendre rang à côté des grands poètes de l'antiquité (Enfer, ch. IV, v. 101), il eut ambitionné dans la peinture le cri de la célébrité (Purgatoire, ch. XI, v. 95).

Fribourg (Suisse). — Imprimerie et Librairie de l'Œuvre de Saint-Paul, 259, rue de Morat.

Les planches ci-dessous reproduisent *en grandeur originale* les miniatures du *ms. 2017, fonds italien*, de la Bibliothèque nationale de Paris et celles du *ms. 32* de la Bibliothèque communale d'Imola.

PLANCHE I

Dante est égaré dans une forêt sombre.

Enf., ch. I, vv. 1-12.

Pl. I

Planche II

Dante, sorti de la forêt, arrive au pied d'une colline dont le sommet est éclairé par les premiers rayons du soleil.

Enf., ch. 1, vv. 13-27. — *Fragm. d'Imola.*

Pl. II

Planche III

Le jour s'est levé, Dante commence à gravir la colline, mais une panthère et un lion surviennent qui arrêtent sa marche.

Enf., ch. I, vv. 28-48.

Pl. III

Planche IV

Une louve, « chargée d'appétits dans sa maigreur », fait irruption ; Dante recule effrayé.

Enf., ch. 1, vv. 49-60.

PL. IV

PLANCHE V

Dans sa retraite, Dante rencontre Virgile qui se fait connaître à lui et s'offre à le guider jusqu'au paradis, à travers l'enfer et le purgatoire.

Enf., ch. I, vv. 61-135. — *Fragm. d'Imola.*

Pl. V

PLANCHE VI

Les deux poètes arrivent à la porte de l'enfer. Virgile, posant sa main sur celle de Dante, l'invite à entrer dans la « città dolente ».

Enf., ch. III, vv. 1-21. — *Fragm. d'Imola.*

Pl. VI

Planche VII

Vestibule de l'enfer. Les poètes ont vu les âmes lâches, rejetées du ciel et de l'enfer, et ils sont arrivés au bord de l'Achéron. Caron transborde les âmes massées sur le rivage.

Enf., ch. III, vv, 65-117.

Pl. VII

Planche VIII

Virgile invite Dante à descendre à sa suite dans le premier cercle de l'abîme infernal.

Enf., ch. IV, vv. 7-24.

Pl. VIII

Planche IX

Entrée du second cercle. Minos juge les âmes criminelles et assigne à chacune d'elles le lieu de son supplice.

Enf., ch. v, vv. 1-15.

Pl. IX

Planche X

Second cercle. Les luxurieux sont entraînés et battus par un tourbillon éternel au sein duquel on distingue Sémiramis, Didon, Cléopâtre.

Enf., ch. v, vv. 25-72.

Pl. X

PLANCHE XI

Francesca di Rimini, toujours unie à Paolo da Malatesta, raconte l'histoire de son malheureux amour.

Enf., ch. v, vv. 73-138.

Pl. XI

PLANCHE XII

Dante, ému du malheur des deux amants, défaille et tombe.

Enf., ch. v, vv. 139-142.

Pl. XII

Planche XIII

Troisième cercle. Enfer des gourmands, gardé par Cerbère. Les damnés gisent à terre sous la pluie maudite. Virgile apaise Cerbère.

Enf., ch. vi, vv. 1-37.

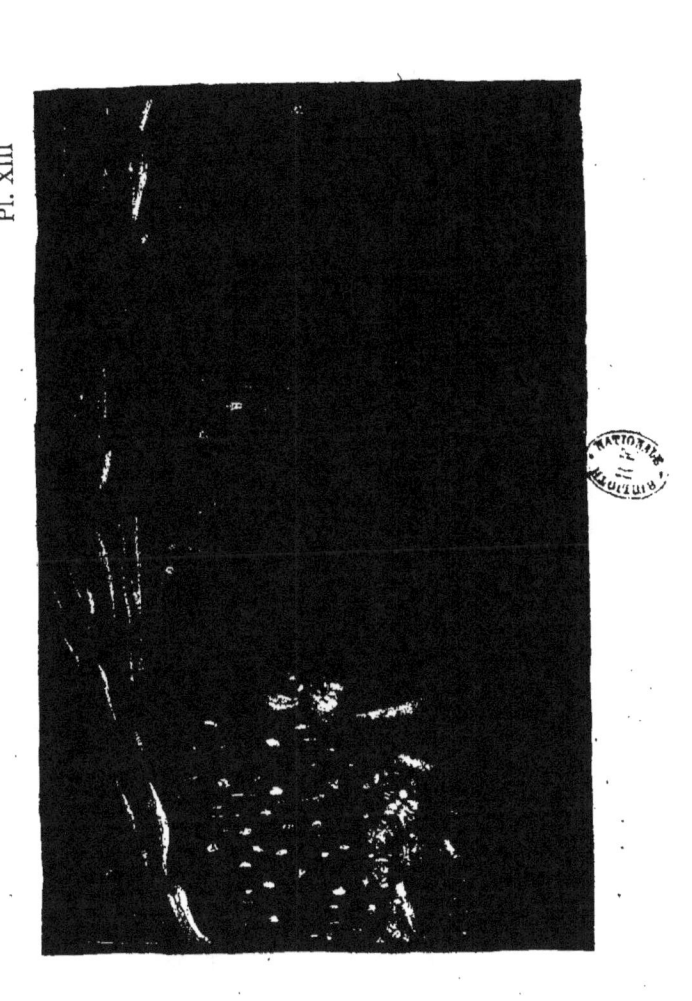

Pl. XIII

Planche XIV

Dans leur descente du troisième au quatrième cercle, les poètes rencontrent Plutus, démon de l'avarice. Virgile lui dit qu'il ne peut s'opposer à leur passage voulu du ciel.

Enf., ch. vi, v. 115 et ch. vii, vv. 1-15.

Pl. XIV

Planche XV

Quatrième cercle. Les avares et les prodigues y luttent sans fin. Virgile donne à Dante son explication de la Fortune.

Enf., ch. VII, vv. 16-99.

Pl. XV

Planche XVI

Cinquième cercle où sont punis les colères. Virgile et Dante sont montés dans la barque de Phlégias pour traverser le Styx. Ils viennent de dépasser Philippe Argenti, assailli par un autre damné, et ils aperçoivent Dité, entourée de fossés profonds et de murailles enflammées.

Enf., ch. VIII, vv. 65-81. — *Fragm. d'Imola.*

PL. XVI

Planche XVII

Sur l'ordre de Phlégias les poètes sont descendus à terre et Virgile demande à parlementer avec les démons pour obtenir l'entrée de Dité.

Enf., ch. VIII, vv. 81-108. — *Fragm. d'Imola.*

Pl. XVII

Planche XVIII

Dante reste seul à l'écart pendant que Virgile s'est rapproché des démons, qui lui ferment bientôt leur porte au nez.

Enf., ch. VIII, vv. 109-120.

Pl. XVIII

Planche XIX

Virgile, après avoir préservé Dante de la vue de Méduse en lui fermant les yeux, retire ses mains pour lui laisser voir l'ange qui arrive à leur secours.

Enf., ch. ix, vv. 66-84.

Pl. XIX

Planche XX

L'ange ouvre avec sa baguette la porte de Dité et invective les démons qui s'enfuient

Enf., ch. ix, vv. 85-99. — *Fragm. d'Imola.*

Pl. XX

PLANCHE XXI

L'ange s'est retiré et les poètes ont pénétré dans le sixième cercle, ils aperçoivent de toutes parts les tombeaux ardents des incrédules.

Enf., ch. ix, vv. 100-133 et ch. x, vv. 1-21.

Pl. XXI

PLANCHE XXII

Sur l'invitation de Virgile, Dante converse avec Farinata degli Uberti et Cavalcante dei Cavalcanti.

Enf., ch. x, vv. 22-69.

Pl. XXII

Planche XXIII

Dante poursuit sa conversation avec Farinata. Cavalcante, n'obtenant pas immédiatement une réponse désirée, tombe à la renverse dans son tombeau.

Enf., ch. x, vv. 70-120.

Pl. XXIII

PLANCHE XXIV

Dante revient auprès de Virgile.

Enf., ch. x, vv. 121-141.

Pl. XXIV

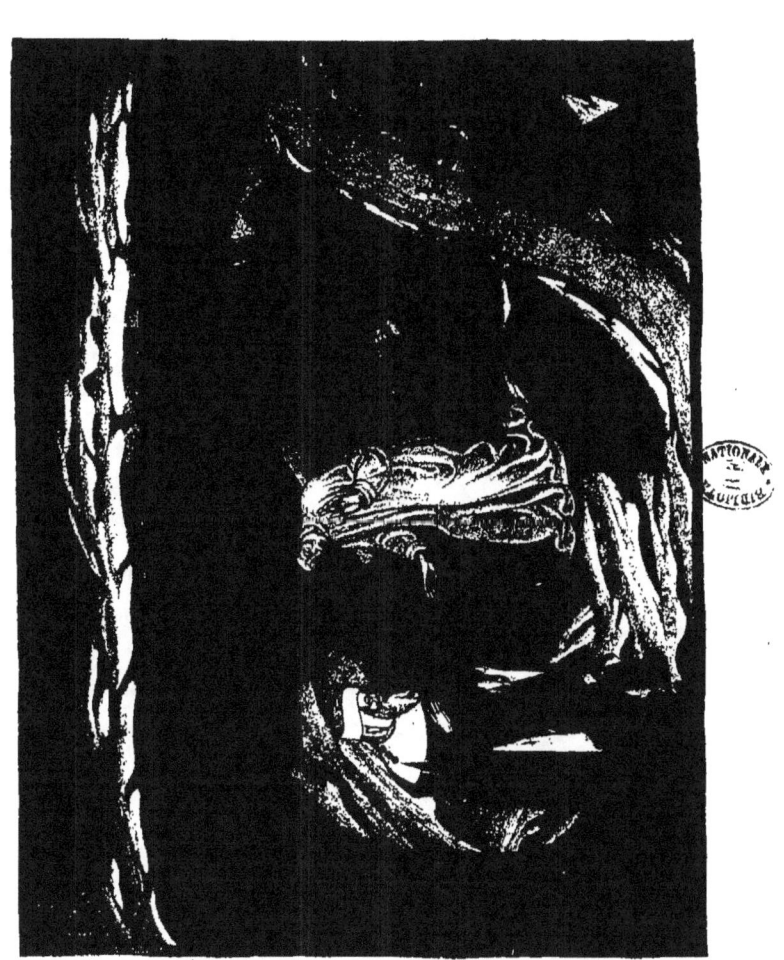

Planche XXV

Les deux voyageurs se sont avancés vers le septième cercle, celui où sont châtiés les diverses espèces de violence. La puanteur de ce cercle monte jusqu'à eux. Avant d'y descendre ils s'appuient un instant sur le tombeau du pape Anastase IV et Virgile explique à Dante la distribution de tout l'enfer.

Enf., ch. xi, vv. 1-115. — *Fragm. d'Imola.*

Pl. XXV

Planche XXVI

Arrivés aux limites du sixième cercle les poëtes trouvent les ruines du pont qui surplombait jadis le septième. Au sommet du précipice se tient le Minotaure que Virgile apostrophe.

Enf., ch. XII, vv. 1-21.

Pl. XXVI

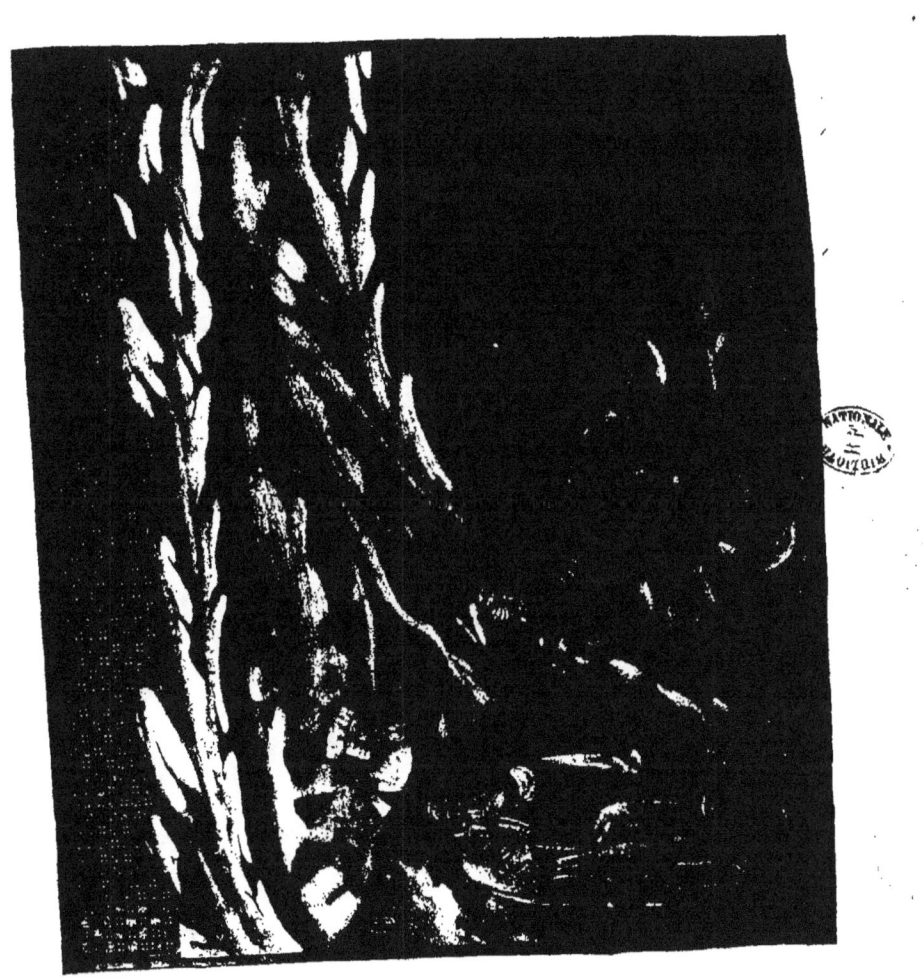

Planche XXVII

Pendant que la rage aveugle le Minotaure, les poètes descendent par les rocailles au premier circuit du septième cercle où est punie la violence envers le prochain. Ils aperçoivent les centaures. Nessus, Chiron et Pholus s'approchent d'eux. Virgile parlemente avec Chiron.

Enf., ch. xii, vv. 22-96. — *Fragm. d'Imola.*

Pl. XXVII

Planche XXVIII

Portés sur la croupe de Nessus les poëtes ont longé la rivière de sang où gémissent les tyrans, ils vont maintenant la traverser. Nessus leur nomme quelques-uns des damnés.

Enf., ch. XII, vv. 124-139.

Pl. XXVIII

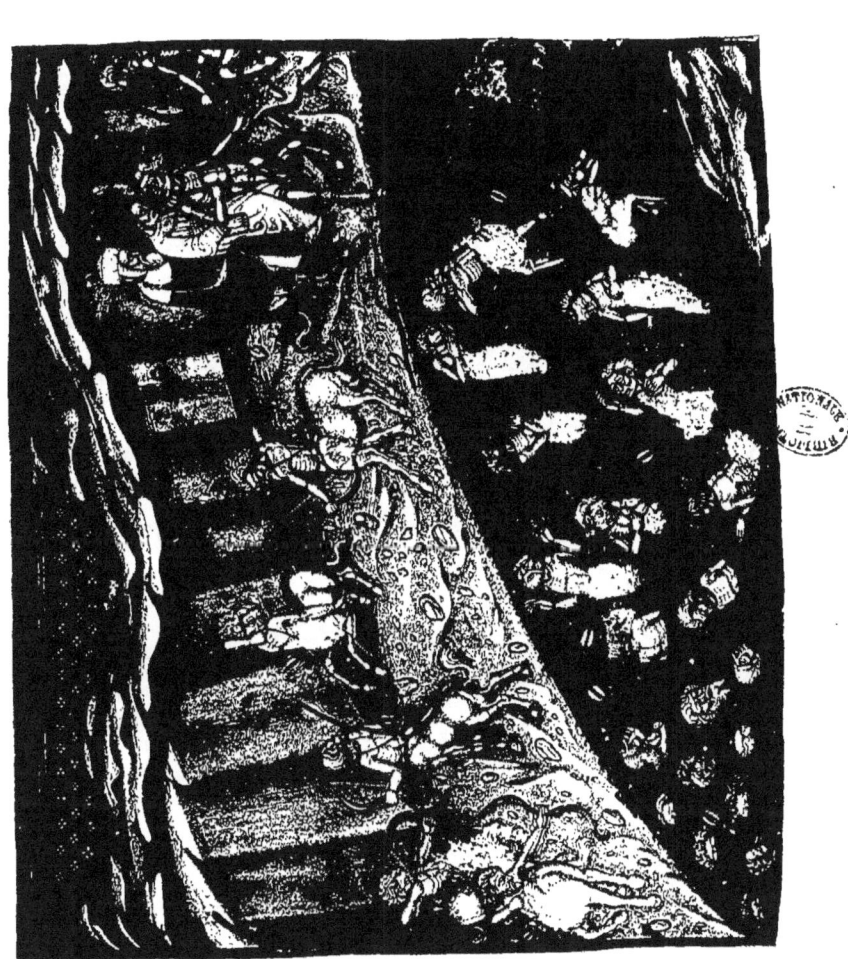

Planche XXIX

Seconde enceinte du septième cercle où est châtiée la violence exercée envers soi-même par le suicide. Lano et Jacopo de Sant' Andrea sont déchirés en lambeaux par des chiennes.

Enf., ch. XIII, vv. 115-128.

Pl. XXIX

Planche XXX

Les chiennes emportent les membres arrachés aux deux malheureux damnés. Virgile prend Dante par la main et s'approche avec lui du buisson où s'était réfugiée l'âme de Jacopo de Sant' Andrea.

Enf., ch. XIII, vv. 129-151. — *Fragm. d'Imola.*

Pl. XXX

Planche XXXI

Troisième enceinte du septième cercle où est châtiée la violence exercée contre Dieu ou contre la nature, œuvre de Dieu. Les blasphémateurs sont étendus sur un sable brûlant sous une pluie de feu. Cette plaine de sable est traversée par le Phlégéton, l'un des fleuves infernaux.

Enf., ch. XIV, vv. 75-142.

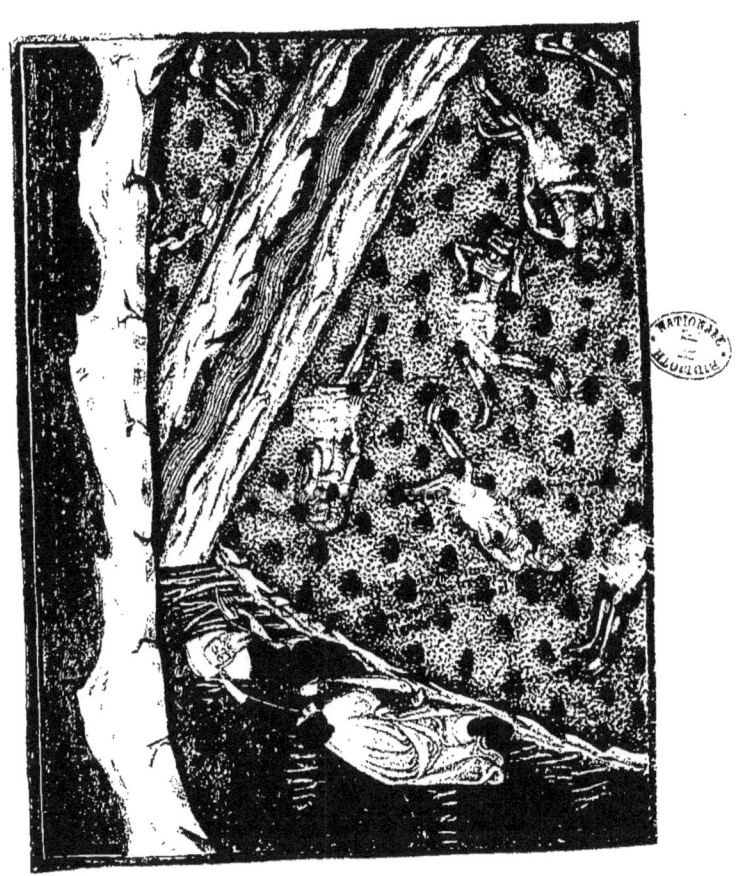

Pl. XXXI

Planche XXXII

Dans la même enceinte les poëtes sont interpellés par les ombres de Guido Guerra, Thegghiajo Aldobrandini et Jacopo Rusticucci qui subissent la peine de leurs péchés contre nature. Ils conversent avec eux.

Enf., ch. XVI, vv. 1-87.

Pl. XXXII

Planche XXXIII

Au bord du précipice où le Phlégéton tombe en cascade du septième au huitième cercle, Dante donne à Virgile une corde dont il était ceint. Virgile jette cette corde dans le gouffre en guise d'appel à Géryon.

Enf., ch. XVI, vv. 88-114.

Pl. XXXIII

PLANCHE XXXIV

Pendant que Virgile explique à Géryon le service qu'il attend de lui, Dante entre en conversation avec un groupe d'usuriers, qui occupent aussi une place du septième cercle, l'usure étant une violence à la nature. (Cf. ch. XI, vv. 95-115.)

Enf., ch. XVII, vv. 43-75.

Pl. XXXIV

Planche XXXV

Assis sur la croupe de Géryon les poètes descendent au fond du précipice qui sépare le septième du huitième cercle.

Enf., ch. XVII, vv. 76-103.

Pl. XXXV

Planche XXXVI

Dante et Virgile arrivent au terme de leur voyage aérien. Géryon va les déposer au bord du huitième cercle ou Malebolge. Ce cercle est formé par dix vallées qu'autant de ponts relient les unes aux autres. C'est le lieu du châtiment des dix espèces de fraude que l'on peut commettre en opposition au lien de charité mutuelle qui doit unir tous les hommes. (Cf. ch. XI, vv. 55-60.)

Enf., ch. XVII, vv. 104-134 et ch. XVIII, vv. 1-18.

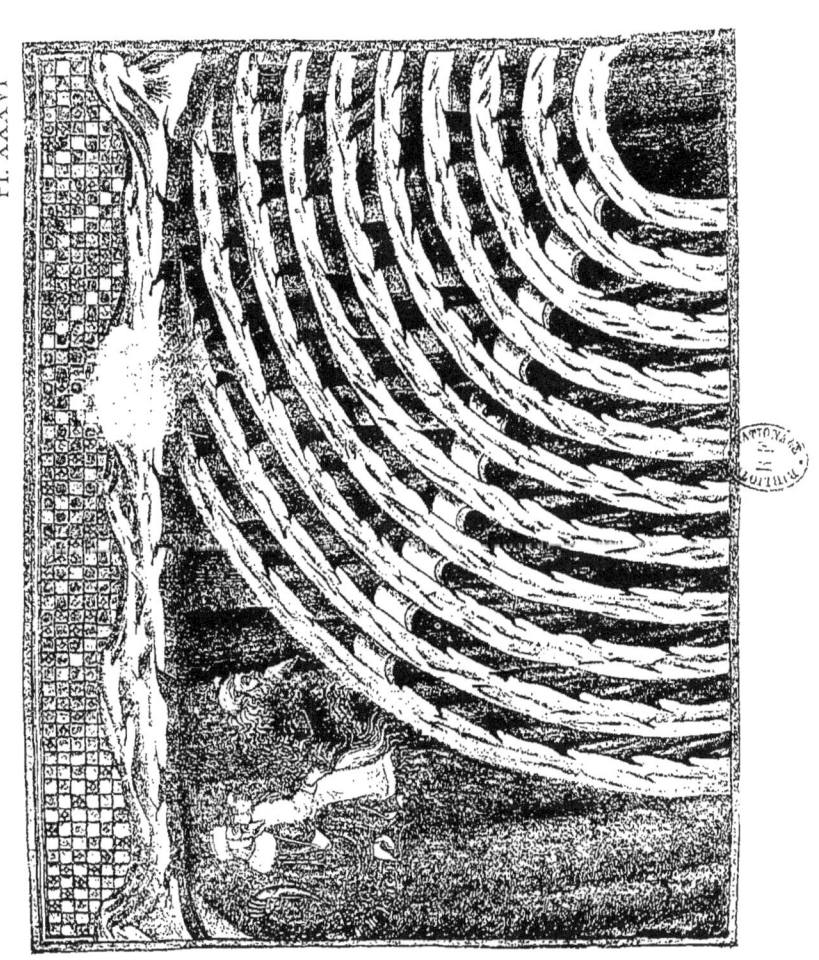

Pl. XXXVI

Planche XXXVII

Première vallée du huitième cercle : châtiment de la première espèce de fraude. — Des démons cornus armés de fouets frappent les proxénètes et les forcent à circuler dans leur vallée. Dante converse avec Venedico Caccianimico. De l'autre côté de la fosse, marchant en sens inverse, les séducteurs.

Enf., ch. XVIII, vv. 19-66.

Pl. XXXVII

PLANCHE XXXVIII

Deuxième vallée du huitième cercle : châtiment de la deuxième espèce de fraude. Les flatteurs grouillent dans une mare puante d'ordures. Dante reconnaît Alessio Interminelli et Virgile lui désigne la courtisane Thaïs.

Enf., ch. XVIII, vv. 100-136.

Pl. XXXVIII

Planche XXXXIX

Troisième vallée du huitième cercle : châtiment de la troisième espèce de fraude, celle des simoniaques. Dante remarque que l'un des damnés agite plus que ses compagnons ses pieds enflammés.

Enf., ch. xix, vv. 1-39.

Pl. XXXIX

Planche XL

Virgile emporte Dante auprès du trou où gémit le pape Nicolas III pour leur faciliter un entretien.

Enf., ch. xix, vv. 40-123.

Pl. XL

Planche XLI

Virgile reprend Dante dans ses bras pour le porter du fond de la troisième vallée à l'entrée du pont jeté sur la quatrième.

Enf., ch. XIX, vv. 124-132.

Pl. XLI

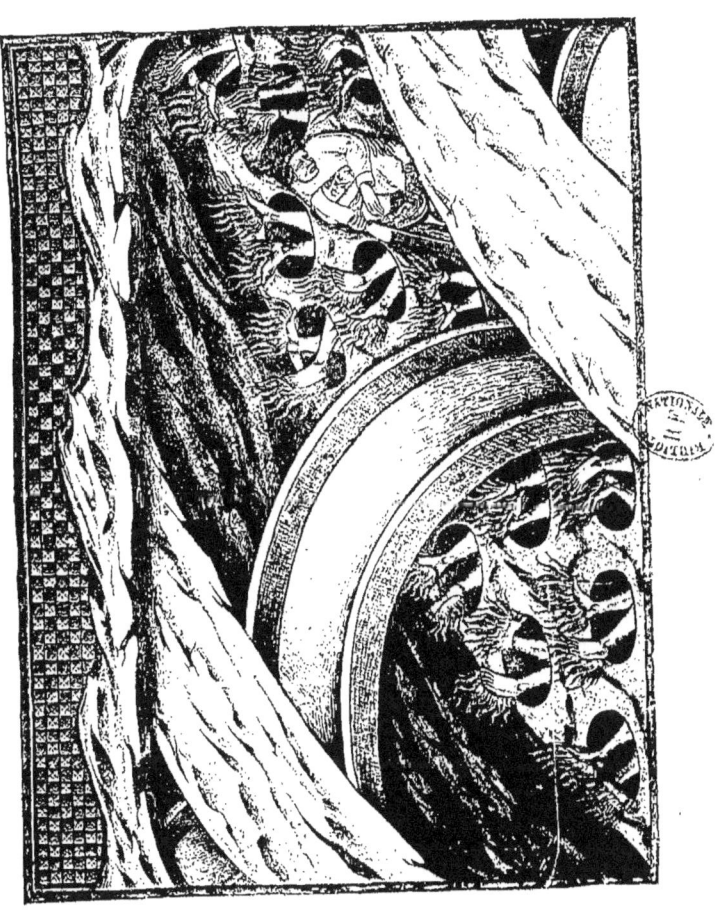

Planche XLII

Cinquième vallée du huitième cercle : châtiment de la friponnerie et de la vénalité qui constituent la cinquième espèce de fraude. Dante regarde la poix bouillante sous laquelle les damnés sont cachés ; survient un démon qui jette dans cette poix un magistrat de Lucques, en invitant les démons de cette enceinte, ou Malebranches, à l'immerger au moyen de leurs harpons. Effroi des poètes.

Enf., ch. xxi, vv. 37-57.

Pl. XLII

Planche XLIII

Dante se cache pendant que Virgile va au devant des démons et parlemente avec Malacoda pour obtenir un sauf-conduit à travers cette vallée.

Enf., ch. XXI, vv. 58-87.

Pl. XLIII

Planche XLIV

Dante, tout tremblant de frayeur, se rapproche de Virgile et Malacoda leur indique la voie où plusieurs démons les précéderont.

Enf., ch. XXI, vv. 88-126.

Pl. XLIV

Planche XLV

La caravane des démons se met en marche, Barbariccia en tête. Les poètes les suivent, mais Dante est glacé d'effroi par une telle compagnie.

Enf., ch. XXI, vv. 127-139 et ch. XXII, vv. 1-15.

Pl. XLV

PLANCHE XLVI

Le démon Graffiacane, usant de son crochet, a tiré hors de la poix Giampolo de Navarre. Pendant que ce malheureux se fait connaître aux deux poètes, Rubicante lui écorche le dos et Ciriatto lui déchire le flanc avec une de ses défenses. Barbariccia se retourne pour le protéger contre les démons et faciliter son entretien avec Virgile.

Enf., ch. XXII, vv. 34-60.

Pl. XLVI

PLANCHE XLVII

Virgile et Dante s'éloignent promptement des « Malebranches » craignant qu'ils ne se vengent sur eux des désagréments que vient de leur causer Giampolo. Une troupe de ces démons s'est mise à la poursuite des poètes et va les atteindre.

Enf., ch. XXIII, vv. 1-36. — *Fragm. d'Imola.*

Pl. XLVII

Planche XLVIII

Virgile, afin d'échapper au danger menaçant, enlève Dante dans ses bras et se laisse glisser avec lui le long de la roche escarpée jusqu'à la sixième vallée, dont le pont est rompu. Les démons irrités, mais impuissants, les regardent d'en haut.

Enf., ch. XXIII, vv. 37-57.

Pl. XLVIII

Planche XLIX

Sixième vallée du huitième cercle : châtiment de la sixième espèce de fraude, l'hypocrisie. — Les hypocrites, vêtus de chapes de plomb, s'avancent péniblement. Dante, surpris à la vue de Caïphe crucifié en terre, interrompt son dialogue avec Catalano de Bologne. Ce dernier lui nomme Caïphe et lui en explique le supplice.

Enf., ch. XXIII, vv. 109-126.

Pl. XLIX

Planche L

Les poètes se sont éloignés des damnés aux chapes de plomb. Virgile se retourne amicalement vers Dante et lui montre les débris du pont écroulé qu'il va falloir escalader.

Enf., ch. xxiv, vv. 1-21. — *Fragm. d'Imola.*

Pl. L

Planche LI

Virgile encourage Dante et le soutient par derrière dans l'escalade qu'il faut faire pour passer de la sixième à la septième vallée.

Enf., ch. XXIV, vv. 22-42.

Pl. LI

Planche LII

Arrivé au sommet, Dante n'en peut plus, il s'asseoit et Virgile l'excite à reprendre le voyage.

Enf., ch. xxiv, vv. 43-60. — *Fragm. d'Imola.*

Pl. LII

Planche LIII

Septième vallée du huitième cercle où s'expie la septième espèce de fraude, celle des voleurs qui dérobèrent les choses sacrées ou non sacrées. — Les poètes, ne distinguant rien depuis le pont, sont descendus dans la vallée. Ils y voient des serpents de toutes espèces s'attaquant aux damnés. Près d'eux, un de ces monstres va piquer au cou et par derrière Vanni Fucci, qui se fait connaître et avoue son vol d'ornements d'église.

Enf., ch. XXIV, vv. 61-99.

Pl. LIII

Planche LIV

Vanni Fucci, « faisant la figue » des deux mains, crie insolemment vers le ciel « Prends Dieu ! etc… » Des serpents lui enserrent aussitôt les bras ; il s'éloigne ainsi garrotté.

Enf., ch. xxv, vv. 1-16.

Pl. LIV

Planche LV

Le centaure Cacus, portant tout un nid de serpents sur sa croupe, passe rapidement devant les poètes à la poursuite de Vanni Fucci, pour le punir de son orgueilleux blasphème.

Enf., ch. xxv, vv. 17-33.

Pl. LV

Planche LVI

Seconde scène de la double métamorphose du serpent en homme et de l'homme en serpent (la miniature représentant la première scène est perdue). — Guercio Cavalcanti, arrivé sous la forme d'un reptile noir, a piqué au nombril Buoso degli Abbati. Une fumée s'en élève. Le monstre prend des membres humains tandis que Buoso voit les siens se transformer en ceux du reptile. Puccio Sciancato regarde la scène avec stupéfaction.

Enf., ch. xxv, vv. 79-120.

Pl. LVI

Planche LVII

La transformation se continue. Guercio Cavalcanti s'est dressé et n'a plus que sa tête de monstre. Buoso est au contraire tombé sur ses pattes et n'a plus d'humain que la tête.

Enf., ch. xxv, vv. 121-135.

Pl. LVII

PLANCHE LVIII

La transformation achevée, Buoso, devenu reptile, s'éloigne et Guercio, en lui parlant, lance des crachats.

Enf., ch. XXV, vv, 136-151 et ch. XXVI, vv. 1-12.

Pl. LVIII

PLANCHE LIX

Virgile aide Dante à remonter vers le pont de la huitième vallée.

Enf., ch. XXVI, vv. 13-15.

Pl. LIX

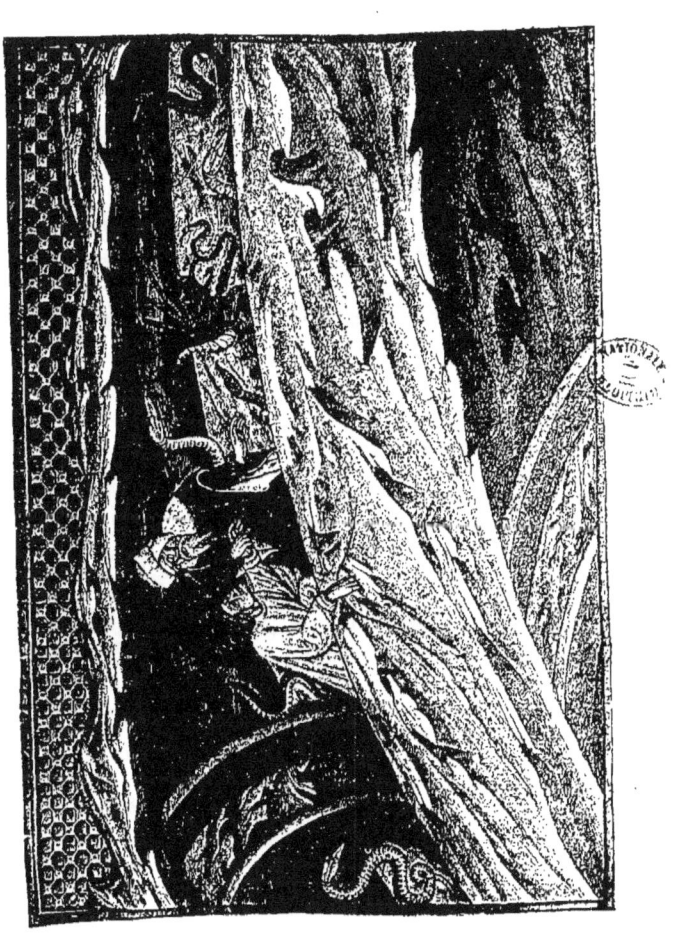

PLANCHE LX

Les poètes gravissent, non sans peine, la montée du pont de la huitième vallée du huitième cercle : c'est là que l'on expie la huitième espèce de fraude, la fourberie. Au fond de la vallée brillent des flammes nombreuses.

Enf., ch. xxvi, vv. 16-42.

Pl. LX

Planche LXI

Dante, appuyé au rebord du pont, se penche pour mieux voir les flammes de la huitième vallée. Virgile lui apprend qu'au dedans de chacune d'elles se trouve un damné. Ayant remarqué une de ces flammes qui se divisait en deux vers son extrémité supérieure, Virgile explique qu'Ulysse et Diomède y sont enfermés ensemble. Il questionne Ulysse sur sa mort restée mystérieuse.

Enf., ch. XXVI, vv. 43-142.

Pl. LXI

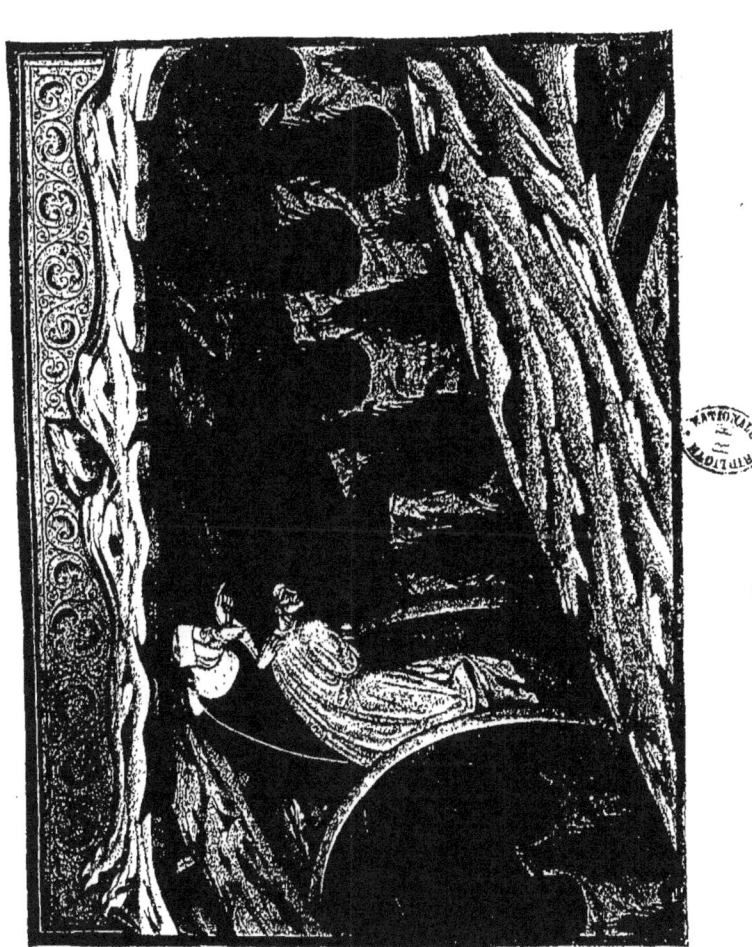

PLANCHE LXII

Conversation de Dante avec Guido de Montefeltro.

Enf., ch. XXVII, vv. 1-129. — *Fragm. d'Imola.*

Pl. LXII

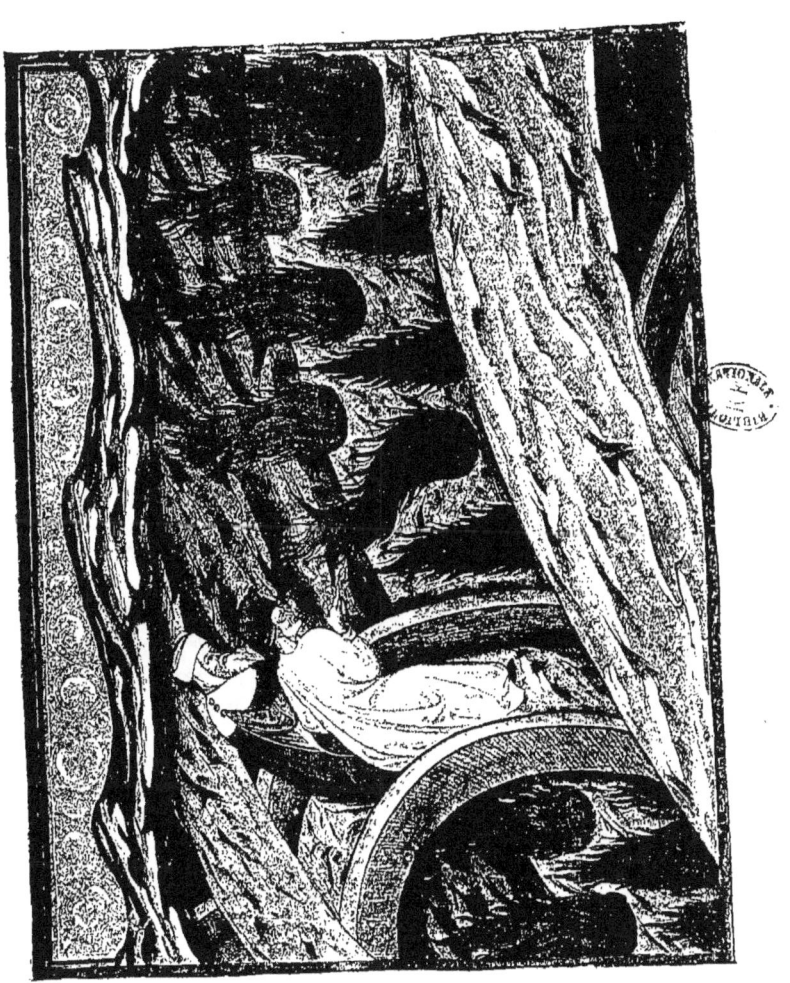

Planche LXIII

Les poètes ont quitté le pont de la huitième vallée du huitième cercle et sont arrivés à celui de la neuvième. C'est dans cette vallée que l'on expie la neuvième espèce de fraude, consistant à semer des discordes religieuses ou civiles. — A la suite les uns des autres, on voit tous les damnés mentionnés dans ce chant. Ils sont diversement mutilés par un démon qui, un glaive à la main, renouvelle leurs blessures aussitôt qu'elles se referment.

Enf., ch. xxvii, vv. 130-136 et ch. xxviii, vv. 1-142.

Pl. LXIII

Planche LXIV

Dixième vallée du huitième cercle : châtiment de la dixième espèce de fraude, celle des faussaires de tous genres, alchimistes et faux monnayeurs. — Les alchimistes sont couverts d'une lèpre horrible et puante. Dante s'entretient avec Grifollino d'Arezzo et Capocchio de Sienne, assis à terre et adossés l'un à l'autre.

Enf., ch. xxix, vv. 52-139.

Pl. LXIV

Planche LXV

Gianni Schicchi, faussaire célèbre de Florence, se précipite sur Capocchio et le mord furieusement à la nuque. A droite du tableau s'en va Myrrha, également furieuse, qui trompa son père Cinyre, roi de Chypre, pour satisfaire avec lui son amour incestueux.

Enf., ch. xxx, vv. 1-45.

Pl. LXV

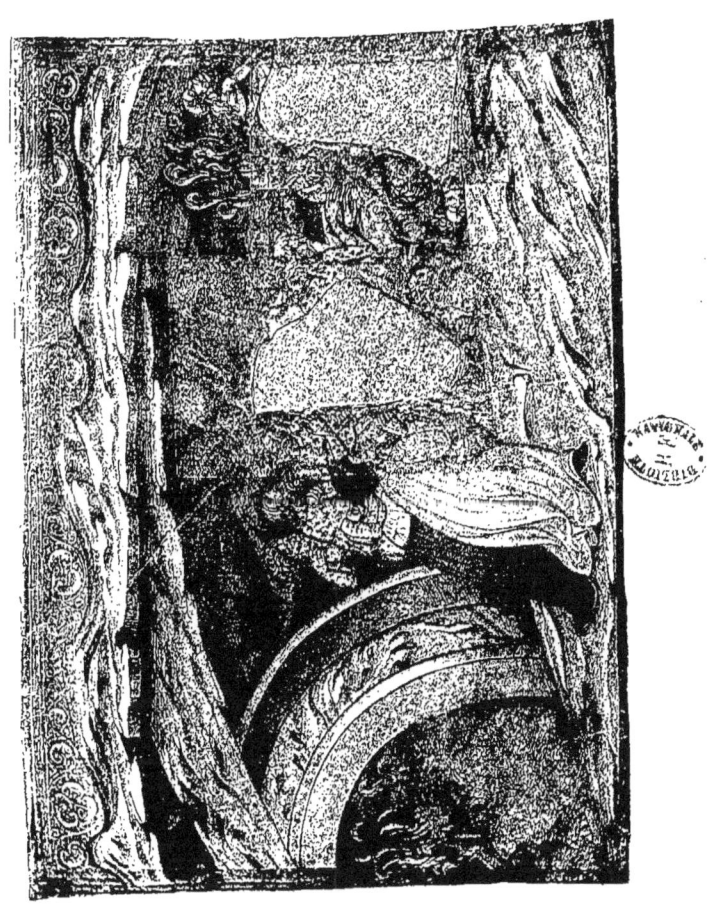

Planche LXVI

Dans un autre groupe, les poètes rencontrent Adamo, faux monnayeur de Brescia, déformé par l'hydropisie ; dans son voisinage, celle qui accusa faussement Joseph, la femme de Putiphar, puis Sinon le grec dont les fallacieuses paroles calmèrent les appréhensions des Troyens en présence du cheval de Troye.

Enf., ch. xxx, vv. 46-99.

Pl. LXVI

PLANCHE LXVII

Les poètes sont arrivés à l'extrémité du huitième cercle de l'enfer. Ils voient les géants plongés jusqu'à la ceinture dans le neuvième cercle, semblables à des tours placées pour en défendre l'accès ; Ephialte, l'un d'eux, est garrotté solidement. Plus loin, ils rencontrent Antée.

Enf., ch. XXXI, vv. 82-111.

Pl. LXVII

Planche LXVIII

Virgile s'adresse à Antée pour se faire descendre au neuvième cercle.

Enf., ch. xxxi, vv. 112-132.

Pl. LXVIII

Planche LXIX

Neuvième et dernier cercle où sont châtiés les traîtres, qu'ils aient trahi leur famille, leur patrie, leurs amis ou leur prince et Dieu. — Second compartiment, dit d'Anténor, réservé aux traîtres à la patrie. Les damnés sont pris dans la glace. Ugolino de la Gherasdesca a les dents enfoncées dans la nuque de l'archevêque Ruggieri.

Enf., ch. XXXII, vv. 124-139.

Pl. LXIX

Planche LXX

La scène est la même que la précédente. Ugolino raconte sa terrible mort.

Enf., ch. xxxiii, vv. 1-75.

Pl. LXX

Planche LXXI

Les poètes arrivent au quatrième compartiment du neuvième cercle, celui de Judas ou Giudecca. Satan émerge du glacier depuis le milieu de la poitrine, ses trois paires d'ailes agitées font naître autant de vents.

Enf., ch. xxxiv, vv. 1-54.

Pl. LXXI.

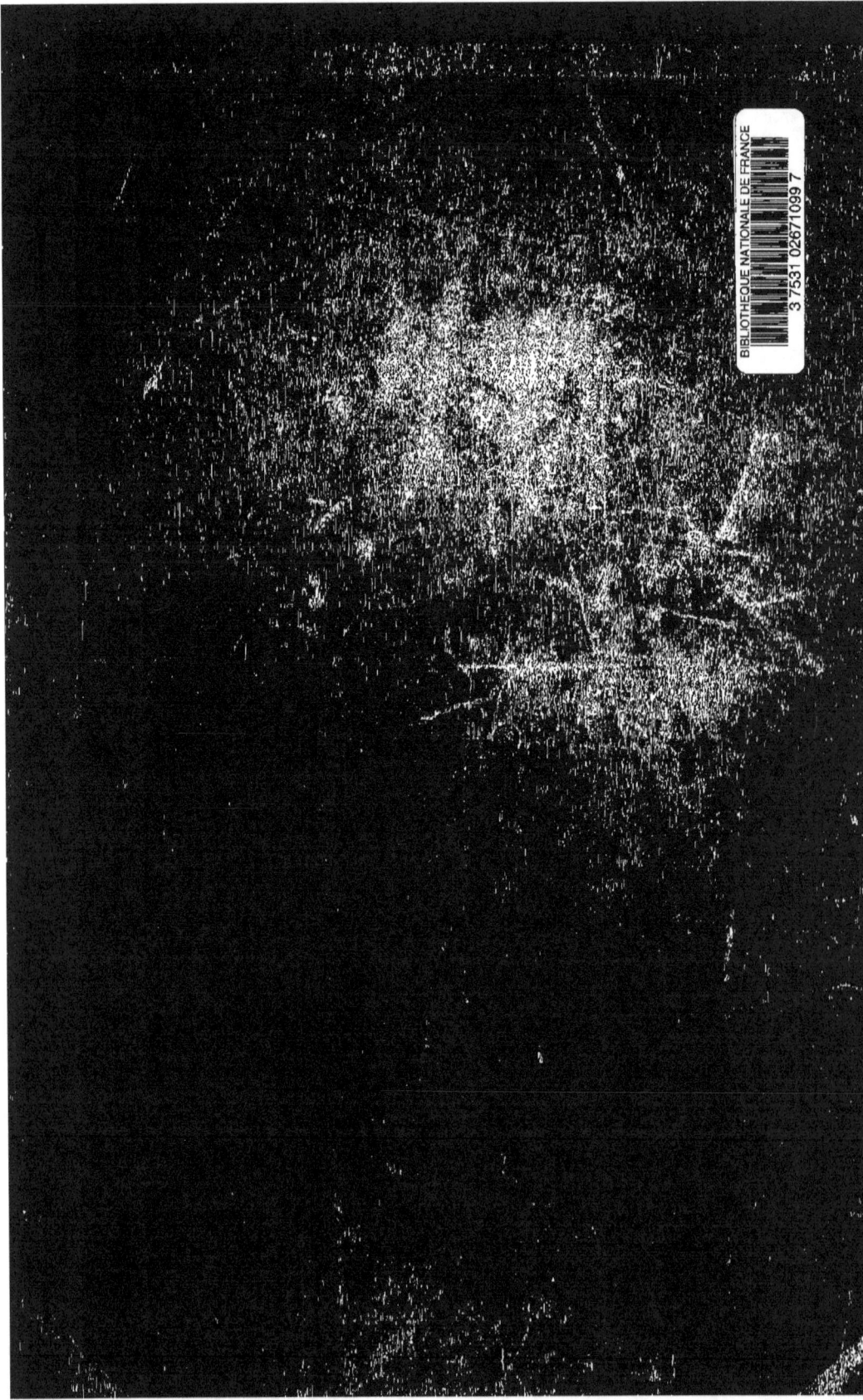

www.ingramcontent.com/pod-product-compliance
Lightning Source LLC
Chambersburg PA
CBHW071110230426
43666CB00009B/1906